GRILLEN

König Berg

INHALTSVERZEICHNIS

FLEISCH

Wird man auf eine Garten-
party eingeladen oder
verabredet man sich zum
Grillen, gehen die meisten
davon aus, dass Fleisch auf den
Teller kommt. Wir auch.

WÜRZ-
WUNDER

BBQ-Steaks mit Knoblauchkartoffeln und Chimichurri

Chimichurri ist der klassische Begleiter des argentinischen Asado. Die Sauce schmeckt, wie sie klingt: verführerisch.

Für die Steaks und Kartoffeln:
6 Knoblauchzehen
1 TL brauner Zucker
1 TL Pimentkörner
½ TL Zimtblüten (ersatzweise 1 Msp. Zimtpulver)
1 Muskatblüte (Macis)
1 TL Salz
1 TL Pfeffer
4 Steaks (à ca. 200 g, z. B. Schweinehalsgrat, Rinderrücken, Hirschkeule)
8 Kartoffeln (à ca. 100 g)
16 Scheiben Frühstücksspeck (Bacon)
Für das Chimichurri:
2 Zwiebeln
1 Knoblauchzehe
1 Paprikaschote | Salz
1 Lorbeerblatt
7 EL Olivenöl
1 TL edelsüßes Paprikapulver
1 TL getrockneter Oregano
½ TL Chiliflocken
4 EL Rotweinessig
2 Tomaten
1 Bund Petersilie
Pfeffer
Für 4 Personen
Zubereitung: 1 Std. | Marinier-/Backzeit: bis 1 Std.
Grillen: 10 Min.

1 Für die Steaks 2 Knoblauchzehen schälen und grob hacken. Mit Zucker, Gewürzen, Salz und Pfeffer in einem Mörser oder einem elektrischen Blitzhacker fein zerkleinern. Steaks mit der Mischung einreiben, zugedeckt bei Raumtemperatur marinieren lassen, bis sie gebraucht werden.

2 Für das Chimichurri Zwiebeln und Knoblauch schälen, beides klein würfeln. Die Paprikaschote vierteln, von Stiel, Trennwänden und Kernen befreien, waschen und ebenfalls klein würfeln. Alles mit 1 Prise Salz, Lorbeerblatt und je 2 EL Olivenöl und Wasser in einen kleinen Topf geben und bei geringer Hitze 20 Min. zugedeckt dünsten. Paprikapulver, Oregano und Chiliflocken mit in den Topf geben, unterrühren. Das Paprikagemüse mit Rotweinessig ablöschen, vom Herd nehmen und kurz abkühlen lassen.

3 Inzwischen die Tomaten waschen und vierteln, dabei Stielansätze und Kerne entfernen, Fruchtfleisch würfeln. Petersilie abbrausen und trockenschütteln, die Blättchen abzupfen und fein hacken. Tomaten, Petersilie und das übrige Olivenöl unter das Paprikagemüse mischen, mit Salz und Pfeffer abschmecken. Das Chimichurri mindestens 1 Std. ziehen lassen.

4 Backofen auf 180° (Umluft 160°) vorheizen. Übrigen Knoblauch schälen und längs vierteln. Kartoffeln gründlich waschen, mit einem spitzen Messer kleine Löcher hineinbohren und die Kartoffeln mit dem Knoblauch spicken. Jede Kartoffel mit 2 Speckscheiben umwickeln und in Alufolie einpacken. Kartoffeln auf ein Backblech legen und im Ofen (Mitte) 30 – 40 Min. backen.

5 Die Steaks auf den Rost legen und bei mittlerer Hitze 8 – 10 Min. grillen, dabei einmal wenden. Die Kartoffeln in der Glut noch einmal kurz nachgrillen. Die BBQ-Steaks mit den Kartoffeln und dem Chimichurri servieren.

1

2

Kalbsröllchen mit Senf-Limetten-Butter

Die aromatische Butter verleiht den feinen Röllchen innen wie außen einen zarten Schmelz, der Speckmantel hält sie herrlich saftig.

Für die Senf-Limetten-Butter:
2 Bio-Limetten
200 g weiche Butter
4 EL körniger Senf
Salz
Pfeffer
Für die Kalbsröllchen:
8 Kalbsschnitzel (à ca. 80 g)
Salz
Pfeffer
8 kleine Stängel Basilikum
16 Scheiben durchwachsener Speck (etwa 110 g, z. B. Pancetta oder Coppa, ersatzweise Parma- oder Serranoschinken)
Außerdem:
Zahnstocher zum Feststecken

Für 4 Personen
Zubereitung: 25 Min. | Grillen: 15 Min.

1 Für die Butter die Limetten heiß waschen und die Schale fein abreiben. Die Limettenschale mit der Butter und dem Senf gründlich verrühren. Mit Salz und Pfeffer abschmecken.

2 Die Kalbsschnitzel nebeneinander auf der Arbeitsfläche auslegen und flacher klopfen. Dafür die platte Seite eines Fleischklopfers oder auch die breite Seite eines großen, schweren Messers verwenden (Bild 1).

3 Die obere Seite jedes Kalbsschnitzels dick mit 2 – 3 TL Senf-Limetten-Butter bestreichen. Die übrige Butter kühl stellen. Die Schnitzel mit Salz und Pfeffer würzen. Die Blätter von je 1 Basilikumstängel an eine Schmalseite legen und die Kalbsschnitzel von dieser Seite her aufrollen (Bild 2).

4 Die Kalbsröllchen mit je 2 Scheiben Speck umwickeln, mit einem Zahnstocher feststecken.

5 Die Kalbsröllchen auf den Grillrost legen und mit etwa 10 cm Abstand zur Glut 10 – 15 Min. grillen, dabei immer wieder wenden. Mit der übrigen Senf-Limetten-Butter servieren.

GUT ZU WISSEN

Am besten umwickeln Sie die Kalbsröllchen mit der milden, aromatischen Pancetta. Für diesen zarten Speck aus Italien werden Schweinebauchstücke je nach Region mit Kräutern wie Rosmarin oder Salbei gewürzt, mit Salz eingerieben, manchmal auch noch leicht gesäuert, gerollt und dann an der Luft getrocknet. Genauso fein ist die italienische Coppa, die man aus muskulösen und fettdurchwachsenen Teilen von Schweinevorderkeule, -nacken oder -hals herstellt. Das Fleisch wird gerollt, in Rinderdärme gefüllt und in Netze gehüllt. Danach kommt der Speck 10 – 18 Tage in eine Salzlake und reift anschließend 5 – 6 Monate an der Luft. Kaufen können Sie beide Spezialitäten in italienischen Feinkostläden, beim gut sortierten Metzger oder auch in großen Supermärkten (hier oft bereits luftdicht abgepackt.)

KLASSIKER NEU ENTDECKT

Lamm-Saltimbocca

4 Lammhüftsteaks (à ca. 150 g)
Salz
Pfeffer
16 Salbeiblätter
8 große, dünne Scheiben Parmaschinken (ca. 120 g)
Alufolie und Olivenöl zum Grillen

Für 4 Personen
Zubereitung: 10 Min. | Grillen: 8 Min.

1 Die Lammsteaks einmal quer durchschneiden, mit Salz und Pfeffer würzen. Die Salbeiblätter waschen und trockentupfen.

2 Jede Steakhälfte mit 2 Salbeiblättern belegen, mit je 1 Scheibe Parmaschinken locker umwickeln.

3 Den Grillrost mit Alufolie auslegen und einölen. Die Lamm-Saltimbocca darauflegen und mit etwa 10 cm Abstand zur Glut etwa 8 Min. grillen, dabei einmal wenden.

UND DAZU?
Wenn Sie ein richtiger Saucenliebhaber sind, sollten Sie zu den Saltimbocca unbedingt mal diese Rotweinsauce probieren: Je 1 kleine Zwiebel und Möhre schälen, in ganz feine Würfel schneiden und in 1 EL Butter 1–2 Min. andünsten. ¼ l trockenen Rotwein angießen und etwa 5 Min. bei starker bis mittlerer Hitze einkochen lassen. Dann die Sauce mit dem Stabmixer pürieren. 2 EL kalte Butterflöckchen unterschlagen, mit 1 Prise Zucker, Salz und Pfeffer abschmecken.

Kalbsschnitzel mit Marsala und Orangen

4 Orangen (davon 1 kleine Bio-Orange)
3 Knoblauchzehen
4 Stängel Basilikum
8 EL Marsala (ersatzweise Sherry)
8 EL Olivenöl
Salz
Pfeffer
4 flach geklopfte Kalbsschnitzel (à ca. 175 g, ½ cm dick)
4 EL eiskalte Butter

Für 4 Personen
Zubereitung: 25 Min. | Marinieren: 5 Std.
Grillen: 8 Min.

1 Bio-Orange heiß waschen, die Schale dünn abschälen und in feine Streifen schneiden. 2 Orangen so schälen, dass auch die weiße Haut mit entfernt wird. Fruchtfleisch aus den Trennhäuten herausschneiden, abdecken und beiseitestellen. Übrige Orangen auspressen. Knoblauch schälen und in feine Scheiben, Basilikum in Streifen schneiden.

2 Orangenschale und -saft mit Knoblauch, Basilikum, Marsala, Öl, Salz und Pfeffer verrühren. Die Kalbsschnitzel darin mindestens 5 Std. marinieren.

3 Schnitzel aus der Marinade nehmen, Marinade in einen Topf geben und in 6–8 Min. bei starker Hitze einkochen lassen. Butter in kleinen Flöckchen unterschlagen. Die Sauce mit Salz und Pfeffer abschmecken. Orangenfilets einlegen und heiß werden lassen. Die Sauce warm halten.

4 Schnitzel auf den Grillrost legen und mit etwa 10 cm Abstand zur Glut 6–8 Min. grillen, dabei einmal wenden. Mit Orangen-Marsala-Sauce servieren.

oben: Lamm-Saltimbocca | unten: Kalbsschnitzel mit Marsala und Orangen

oben: BBQ-Spareribs | unten: Jerk-Schweinerippchen

BBQ-Spareribs

2 kg fleischige Spareribs (vom Metzger in 10 – 15 cm lange Stücke hacken lassen)
Salz
2 Zwiebeln
2 Knoblauchzehen
4 EL Butter
100 ml Weißweinessig
300 g Tomatenketchup
200 g Barbecue-Sauce (aus dem USA-Regal im gut sortierten Supermarkt oder BBQ-Chili-Sauce von S. 118, ersatzweise Tomatenketchup)
Pfeffer

Für 4 Personen
Zubereitung: 20 Min. | Kochen: 30 Min.
Marinieren: 5 Std. | Grillen: 10 Min.

1 Spareribs von größeren Fettstücken befreien. Dann in einem großen Topf mit leicht gesalzenem Wasser bedecken. Zum Kochen bringen und die Ribs bei schwacher Hitze in 30 Min. weich garen, dabei den entstehenden Schaum abschöpfen. Abgießen und trockentupfen.

2 Zwiebeln und Knoblauch schälen, fein würfeln. Butter in einem Topf zerlassen, die Zwiebeln und den Knoblauch darin bei mittlerer Hitze 1 – 2 Min. dünsten. Essig, Ketchup und Barbecue-Sauce dazugeben und 1 – 2 Min. kochen lassen. Dann alles mit dem Pürierstab kurz durchmixen. Die Sauce mit Salz und Pfeffer würzen. Spareribs damit bedecken und mindestens 5 Std. marinieren.

3 Die Spareribs aus der Marinade nehmen und auf den Grillrost legen. Mit etwa 10 cm Abstand zur Glut etwa 10 Min. grillen, dabei immer wieder wenden und mit Marinade einpinseln.

Jerk-Schweinerippchen

4 große, scharfe rote Chilischoten
2 Zwiebeln
2 Knoblauchzehen
1 große Orange
2 TL gemahlenes Piment
4 EL Rohrohrzucker
8 EL Olivenöl
6 EL Tomatenketchup
Salz
2 kg fleischige Spareribs (vom Metzger in 10 – 15 cm lange Stücke hacken lassen)

Für 4 Personen
Zubereitung: 20 Min. | Marinieren: 5 Std.
Grillen: 30 Min.

1 Die Chilis waschen, entstielen und samt den Kernen in dünne Ringe schneiden. Die Zwiebeln schälen und klein würfeln. Den Knoblauch schälen und durch die Presse drücken. Den Saft der Orange auspressen. Alles mit Piment, Zucker, Öl, Ketchup und Salz zu einer Marinade verrühren.

2 Die Spareribs waschen, trockentupfen, in einzelne Rippen schneiden und von größeren Fettstücken befreien. Spareribs mit der Marinade bestreichen und mindestens 5 Std. darin ziehen lassen, dabei ab und zu wenden.

3 Die Spareribs aus der Marinade nehmen und auf den Grillrost legen. Mit etwa 10 cm Abstand zur Glut etwa 30 Min. grillen, dabei immer wieder wenden und mit Marinade einpinseln.

SPEED-TIPP
Die Grillzeit verkürzt sich auf etwa 10 Min., wenn Sie die Spareribs, wie im Rezept links beschrieben, in Salzwasser ganz sanft vorgaren.

oben: Filetsteaks auf Kobe-Art | unten: Bulgogi-Rindfleisch

Filetsteaks auf Kobe-Art

4 dicke Filetsteaks vom Rind (à ca. 180 g)
2 Knoblauchzehen
15 g Ingwer
ca. 75 ml japanische Sojasauce
2 EL Erdnussöl (+ Öl für den Rost)
1 weißer Rettich
Salz
2 TL Wasabipulver (japanischer Meerrettich, Asienregal)
1 EL Zitronensaft
Außerdem:
Eisenpfanne mit hitzefestem Stiel
Untersetzer

Für 4 Personen
Zubereitung: 35 Min. | Marinieren: 3 Std.

1 Die Steaks trockentupfen. Knoblauch und Ingwer schälen, durch eine stabile Knoblauchpresse drücken, mit 2 EL Sojasauce und 2 EL Erdnussöl verrühren. Die Steaks kräftig damit einreiben, abgedeckt mindestens 3 Std. im Kühlschrank marinieren.

2 Den Rettich schälen und ganz fein reiben, mit Salz würzen, in Schüsselchen verteilen. Das Wasabipulver mit Zitronensaft und etwas Wasser zu einer cremigen Paste anrühren, ebenfalls in kleine Schälchen verteilen. Die Steaks trockentupfen.

3 Den Grillrost sehr heiß werden lassen, ölen und die Steaks 1 – 2 Min. pro Seite grillen. Den Grillrost höher einhängen, direkt in der Glut die Pfanne sehr heiß werden lassen. Steaks in Scheiben schneiden, wieder zusammensetzen und in der heißen Pfanne servieren. Dips und restliche Sojasauce dazureichen.

Bulgogi-Rindfleisch

600 g Rindfleisch zum Kurzbraten am Stück (Filet, Lende oder Nuss)
2 EL brauner Rohrzucker
1 Bund Frühlingszwiebeln
2 Knoblauchzehen
75 ml helle Sojasauce
2 EL Öl (+ Öl zum Bestreichen)
1 EL Sesamsamen
½ TL Tabascosauce
Salz
Pfeffer
1 kleiner Romanasalat
Außerdem:
Grillschalen (mit Stegen und Löchern)

Für 4 Personen
Zubereitung: 1 Std.

1 Das Rindfleisch trockentupfen und in ganz dünne Scheiben schneiden. Den Zucker leicht einkneten. Die Frühlingszwiebeln waschen und putzen, die hellen Abschnitte fein hacken (das Dunkle anderweitig verwenden). Knoblauch schälen und fein hacken. Beides mit Sojasauce, Öl und Sesam mischen, mit Tabasco, Salz und Pfeffer abschmecken. Etwa ein Drittel von dieser Mischung zum Fleisch geben und kräftig durchmischen. Bis zum Grillen marinieren. Die übrige Mischung auf Schälchen verteilen.

2 Den Salat waschen und in Streifen schneiden, auf einer Platte ausbreiten. Das Fleisch gut abtropfen lassen. Den Grillrost dicht über der Glut auflegen, Grillschalen darauf sehr heiß werden lassen. Die Grillschalen ölen und die Fleischscheiben darin nebeneinander höchstens 1 Min. pro Seite grillen; gegarte Scheiben auf das Salatbett heben. Zwischendurch den Bratensaft aus den Schalen über das Fleisch träufeln. Das Fleisch mit der Frühlingszwiebel-Mischung servieren.

BBQ-KLASSIKER

Pfefferige Rib-Eye-Steaks vom Grill

»Ribeye« klingt eindeutig cooler als »Hochrippe«, bezeichnet aber ein und dasselbe Stück des Rinderrückens zwischen Nacken und Roastbeef.

3 Rib-Eye-Steaks (à ca. 300 g)
2 Knoblauchzehen
1 Zweig Rosmarin
1 TL Wacholderbeeren
2 TL schwarze Pfefferkörner
5 EL Olivenöl
Fleur de Sel (Meersalz)

Für 6 Personen
Zubereitung: 10 Min. | Marinieren: 6 Std.
Grillen: 10 Min.

1 Die Steaks mit Küchenpapier trockentupfen. Den Knoblauch schälen, Rosmarin waschen, trockenschütteln und die Blättchen von den Zweigen zupfen, beides fein hacken. Die Wacholderbeeren und Pfefferkörner nacheinander im Mörser grob zerreiben, dann miteinander mischen.

2 Knoblauch, Rosmarin und Gewürze mit dem Öl mischen, die Steaks darin wenden. Die Steaks am besten in eine Plastikbox geben, gut verschließen und mindestens 6 Std. (oder auch über Nacht) im Kühlschrank durchziehen lassen.

3 Die Steaks noch einmal in der Marinade wenden, mit ca. 15 cm Abstand zur Hitzequelle auf den Grillrost legen und von jeder Seite 4 – 5 Min. grillen. Die Steaks vom Grill nehmen, mit Fleur de Sel würzen und vor dem Portionieren möglichst noch 3 – 4 Min. ruhen lassen.

INFO

Rib-Eye-Steaks bezeichnet man bei uns auch als Hochrippe oder Hohe RIppe. Gemeint ist stets der Teil des Rinderrückens zwischen Nacken und Roastbeef.

TIPP

Schärfeliebhaber genießen das Steak mit der selbstgemachten BBQ-Chili-Sauce (Seite 118), nicht ganz so Mutige greifen zu Tomatenketchup (Seite 117).

ITALO-WESTERN

Cheeseburger Italia

1 kleine Gemüsezwiebel
450 g Rinderhackfleisch
2 EL mittelscharfer Senf
5 EL Tomatenketchup
3 EL Semmelbrösel
1 EL getrockneter Oregano
Salz | Pfeffer
2 – 3 EL Öl
4 große Burger-Buns (Softbrötchen) mit Sesam
200 g Tomaten
1 Bund Rucola
3 EL Salatmayonnaise
8 Scheiben geräucherter Scamorza
Öl zum Grillen

Für 4 Personen
Zubereitung: 35 Min. | Grillen: 10 Min.

1 Zwiebel schälen und quer halbieren, eine Hälfte in Würfel, die andere in dünne Scheiben schneiden. Zwiebelwürfel mit Hack, 1 EL Senf, 1 EL Ketchup, Semmelbröseln und Oregano verkneten. Mit Salz und Pfeffer würzen. Zu 4 Hacksteaks formen und mit Öl bestreichen.

2 Brötchen waagerecht durchschneiden und unter Wenden auf dem heißen Grill kurz erwärmen. Hacksteaks auf einer geölten Grillschale auf dem heißen Grill unter Wenden ca. 10 Min. braten.

3 Tomaten waschen und in dünne Scheiben schneiden. Rucola putzen, waschen und trockenschütteln. Mayonnaise mit 1 EL Senf verrühren. Die unteren Brötchenhälften mit je 1 EL Senfcreme bestreichen. Mit Rucola belegen, Tomaten und Zwiebelringe darauf verteilen. Mit Hacksteaks und Käse belegen. Restliches Ketchup daraufstreichen, mit oberen Brötchenhälften belegen. Sofort servieren.

SURPRISE INSIDE

Gefüllte Hackbällchen

1 Bund Frühlingszwiebeln
600 g Rinderhackfleisch
1 EL Tomatenmark
1 EL mittelscharfer Senf
1 TL edelsüßes Paprikapulver
fein abgeriebene Schale von 1 Bio-Zitrone
Salz
Pfeffer
Für die Füllung:
12 eingelegte, mit Frischkäse gefüllte Kirschpaprikaschoten oder
12 sehr große entsteinte, in Kräutern und Knoblauch eingelegte grüne Oliven oder
6 eingelegte, mit Frischkäse gefüllte Chilischoten (jeweils quer halbiert) oder
6 eingelegte gefüllte Weinblätter (jeweils quer halbiert), alles aus dem Feinkostladen

Für 4 Personen
Zubereitung: 20 Min. | Grillen: 20 Min.

1 Frühlingszwiebeln waschen, putzen und samt dem hellen Grün in sehr feine Ringe schneiden. Mit dem Hackfleisch, Tomatenmark, Senf, Paprikapulver, Zitronenschale, Salz und Pfeffer gründlich zu einer homogenen Masse verarbeiten.

2 Hackfleischmasse in 12 gleich große Portionen teilen. Jede Portion in einer Handfläche gut flach drücken und je 1 Kirschpaprika, Olive, Chili- oder Weinblatthälfte darauf geben. Mit der Hackmasse umhüllen und zu Bällchen formen.

3 Die Hackbällchen auf den Grillrost legen. Mit etwa 10 cm Abstand zur Glut etwa 20 Min. grillen, dabei immer wieder wenden.

oben: Hamburger mit Relish-Gurken | unten: Kalifornische Chuletas

Hamburger mit Relish-Gurken

2 kleine Gärtnergurken
50 ml Weißweinessig
2 EL Zucker | Salz
400 g mageres Rinderhackfleisch
Pfeffer
2 Blätter Eisbergsalat
2 Tomaten | 2 weiße Zwiebeln
4 große Burger-Buns (Softbrötchen)
4 EL Mayonnaise | 4 EL Tomatenketchup
Außerdem:
Öl zum Bestreichen

Für 2 – 4 Personen
Zubereitung: 45 Min. | Grillen: 6 Min.

1 Die Gurken waschen und in ½ cm dicke Scheiben schneiden. Den Essig mit 50 ml Wasser, Zucker und etwas Salz aufkochen. Gurken untermischen, abkühlen lassen.

2 Das Hackfleisch mit etwas Salz und Pfeffer würzen, ohne viel Kneten zu 4 flachen Hacksteaks formen, in leicht geölte Alufolie packen und gut kühlen.

3 Salatblätter waschen, trocknen und in Streifen schneiden. Tomaten waschen, ohne Stielansätze in Scheiben schneiden. Die Zwiebeln schälen und in dicke Ringe schneiden. Alles mit den Relish-Gurken bereitstellen.

4 Brötchen aufschneiden und am Rand des geölten Grillrostes leicht anrösten. Die Hamburger mit Öl bestreichen und bei starker Hitze pro Seite 2 – 3 Min grillen, vorsichtig wenden. Die unteren Brötchenhälften mit Mayonnaise bestreichen, Salat darüberstreuen, Hamburger darauflegen, Tomaten, Gurken und Zwiebeln darüber verteilen, mit Ketchup beträufeln. Brötchendeckel darauflegen und aus der Hand essen – gute Esser schaffen zwei.

Kalifornische Chuletas

2 Zwiebeln
1 Bund Petersilie
2 rote Chilischoten
1 Ei (L)
40 g geriebener Parmesan
Salz
Pfeffer
500 g Rinderhackfleisch
ca. 100 g Semmelbrösel
Außerdem:
Olivenöl zum Bestreichen

Für 4 Personen
Zubereitung: 30 Min. | Grillen: 10 Min.

1 Zwiebeln schälen. Petersilie waschen und trockenschütteln, die Blättchen abzupfen. Chilis waschen, aufschlitzen, putzen. Alles sehr fein hacken. Mit dem Ei, Parmesan, Salz und Pfeffer zum Hack geben und gründlich durchkneten. Aus der Hackmasse 8 Kugeln formen. Alufolie ölen und gleichmäßig mit Semmelbröseln bestreuen. Die Kugeln darauf sehr flach drücken, wenden und mit der anderen Seite in die Brösel drücken. Abgedeckt bis zum Grillen kalt stellen.

2 Den Grillrost heiß werden lassen und ölen. Die Chuletas gut mit Olivenöl bestreichen und bei starker Hitze 3 – 5 Min. pro Seite grillen. Mit buntem Salat und Ketchup servieren.

AUS DER TÜRKEI

Lammhack-Kebab mit Joghurtsauce

Sonnengereifte Aprikosen, südländische Gewürze und würziges Lammfleisch duften auf dem Rost – fast wie im Urlaub.

½ Bund glatte Petersilie
50 g getrocknete Softaprikosen
500 g Lamm- oder Rinderhackfleisch
2 EL Tomatenmark
1 TL Chiliflocken
½ TL gemahlener Kreuzkümmel
1 TL getrockneter Thymian
2 Knoblauchzehen
Salz
Pfeffer
3 – 4 EL Olivenöl
150 g Salatgurke
3 – 4 Stiele Dill
400 g griechischer Sahnejoghurt
Außerdem:
8 lange Holz-/Metallspieße
Öl zum Grillen

Für 4 Personen
Zubereitung: 45 Min. | Grillen: 12 Min.

1 Die Holzspieße in kaltem Wasser ca. 15 Min. einweichen. Inzwischen die Petersilie waschen, trockenschütteln und die Blätter fein hacken. Die Aprikosen in feine Würfel schneiden. Hackfleisch, Petersilie, Aprikosen, Tomatenmark, Chili, Kreuzkümmel und Thymian in eine Schüssel geben. 1 Knoblauchzehe schälen, dazupressen und alles verkneten. Mit Salz und Pfeffer würzen.

2 Die Hackmasse in 8 Portionen teilen. Mit angefeuchteten Händen um die Spieße herum zu langen, flachen Strängen formen. Die Kebab-Spieße rundherum mit Öl bestreichen. Auf dem heißen Grill auf einer geölten Grillschale unter Wenden 10 – 12 Min. braten.

3 Inzwischen die Gurke längs halbieren, entkernen und grob raspeln. Die Gurkenraspel mit Salz bestreuen und kurz ziehen lassen. Den Dill waschen und trockenschütteln, die Spitzen abzupfen und fein hacken. Mit Joghurt und abgetropften Gurkenraspeln verrühren, übrige Knoblauchzehe schälen und dazupressen. Die Joghurtsauce mit Salz und Pfeffer würzen, gut verrühren und zu den Kebab-Spießen servieren. Nach Belieben mit Thymianzweigen garnieren.

BEILAGEN-TIPP

Dazu schmeckt auch ein selbst gemachter Paprikasalat: 1 Zwiebel schälen, halbieren und in feine Streifen schneiden. 2 gelbe Paprikaschoten halbieren, weiße Trennwände und Kerne entfernen, die Hälften waschen und in feine Streifen schneiden. 1 Fleischtomate waschen und in Scheiben schneiden. 2 eingelegte milde Peperoni abtropfen lassen, Stiele entfernen, Schoten in dünne Ringe schneiden. Mit Zwiebel, Tomaten und Paprika mischen. 4 EL Weißweinessig mit Salz, Pfeffer und 1 TL Zucker zu einem Dressing verrühren. 4 EL Olivenöl unterschlagen und mit den Salatzutaten mischen.

PIKANT UND WÜRZIG

Andalusische Fleischbällchen

650 g Rinderhackfleisch
2 Zwiebeln
2 Knoblauchzehen
1 Ei (Größe M)
3 EL Semmelbrösel
Chilipulver
Salz | Pfeffer
2 EL Olivenöl (+ Öl zum Bestreichen)
1 kleine Dose Tomaten (400 g)
2 EL trockener Sherry (nach Belieben)
2 EL Rosinen
½ TL Zimtpulver
50 g grüne Oliven ohne Stein
2 EL gehackte Mandeln
Außerdem:
Spieße

Für 4 Personen
Zubereitung: 45 Min. | Grillen: 10 Min.

1 Das Hackfleisch in eine Schüssel geben. Zwiebeln und Knoblauch schälen, fein hacken und die Hälfte mit dem Ei und den Semmelbröseln zum Hack geben. Mit Chilipulver, Salz und Pfeffer pikant würzen. Zugedeckt in den Kühlschrank stellen.

2 Das Olivenöl erhitzen. Übrige Zwiebel und Knoblauch bei schwacher bis mittlerer Hitze goldgelb dünsten. Die Tomaten zugeben und zerdrücken. Sherry und Rosinen untermischen, mit Salz, Pfeffer und Zimt würzen. Die Sauce offen 10 Min. sanft kochen lassen. Die Oliven in Scheiben schneiden, mit den Mandeln untermischen.

3 Das Hackfleisch zu ca. 20 Kugeln formen. Spieße ölen und die Kugeln aufstecken, mit Öl bestreichen und auf dem heißen, geölten Rost bei mittlerer bis starker Hitze in ca. 10 Min. rundum braun grillen. Auf Tellern anrichten und mit der Sauce übergießen.

Pljeskavica

300 g mageres Lammfleisch (aus der Keule)
300 g Schweinehackfleisch
5 milde weiße Zwiebeln
2 Knoblauchzehen
3 EL Ajvar (Paprikapaste, siehe S. 111)
Salz
Pfeffer
Semmelbrösel nach Bedarf
Außerdem:
Öl zum Bestreichen

Für 4 Personen
Zubereitung: 40 Min. | Grillen: 10 Min.

1 Das Lammfleisch mit Küchenpapier trockentupfen, in Würfel schneiden und zweimal durch den Fleischwolf drehen oder im Blitzhacker fein pürieren. Zum Schweinehack geben. 1 Zwiebel schälen und fein würfeln, dazugeben. Knoblauch schälen und dazupressen. Fleisch und Zwiebeln mit Ajvar, Salz und Pfeffer mischen.

2 Die Hände etwas ölen und aus dem Hackteig flache Hacksteaks formen (ist der Teig zu feucht, ein wenig Semmelbrösel zugeben). Den Grillrost heiß werden lassen, gut ölen und die Hacksteaks bei mittlerer bis starker Hitze pro Seite ca. 5 Min. grillen, bis sie gut gebräunt sind (erst wenden, wenn die Steaks fest genug geworden sind), zwischendurch mit etwas Öl bestreichen.

3 Die übrigen Zwiebeln schälen und grob hacken. Die Hacksteaks mit den Zwiebeln servieren. Gut passt dazu Ajvar.

VARIANTE
Statt Lammfleisch können Sie auch mageres Rinderhack oder Tatar nehmen. Statt Ajvar 1 gehäutete Paprikaschote aus dem Glas gut abtropfen lassen und fein hacken.

oben: Andalusische Fleischbällchen | unten: Pljeskavica

VOM BALKAN

Kroatischer Schnitzelbraten

Spieße machen Spaß, vor allem beim Grillen. Wenn nur das mühselige Vorbereiten nicht wäre. Die Lösung: ein Spieß für alle

1 kg Schweinelende am Stück
350 g Zwiebeln
3 Knoblauchzehen
3 EL Öl
1 EL edelsüßes Paprikapulver
1 TL rosenscharfes Paprikapulver
1 EL getrockneter Majoran
Salz
Pfeffer
Außerdem:
Grillspieß
Öl für den Spieß und den Rost

Für 6 Personen
Zubereitung: 30 Min. | Grillen: 1 Std. 30 Min.

1 Die Schweinelende trockentupfen. Das Fleisch vom Fettrand her im Abstand von 1 cm jeweils einmal fast und einmal ganz durchschneiden, sodass Schmetterlingsschnitzel entstehen (Bild 1). Die Scheiben leicht klopfen.

2 1 Zwiebel und den Knoblauch schälen, zusammen im Blitzhacker fein pürieren (oder auf einer Gemüseraspel reiben). Das Püree mit Öl, beiden Paprikasorten und dem Majoran verrühren, kräftig mit Salz und Pfeffer würzen.

3 Einen großen Spieß ölen. 1 Zwiebel schälen, halbieren und 1 Hälfte auf den Spieß stecken. Die Fleischscheiben mit etwas Marinade bestreichen, mit den Einschnitten ziehharmonikaartig dicht aneinander auf den Spieß aufreihen (Bild 2). Als Abschluss die zweite Zwiebelhälfte aufstecken.

4 Den Spieß erst dicht über der Holzkohle unter ständigem Drehen bei starker Hitze 15 Min. grillen, dann bei schwächerer Hitze noch 1 – 1 ¼ Std. garen, dabei ab und zu mit der restlichen Marinade bestreichen und drehen. Der Schnitzelbraten ist gar, wenn das Fleischthermometer 75° anzeigt oder beim Anstechen mit einer Rouladennadel klarer Saft austritt (Bild 3).

5 Kurz vor Garzeitende die restlichen Zwiebeln schälen und grob hacken. Die Fleischstücke vom Spieß abziehen, auf Teller verteilen und mit den rohen Zwiebelwürfeln bestreuen. In Kroatien wird dazu Ajvar (siehe S. 111) serviert).

SCHNELLE VARIANTE

Schmetterlingssteaks mit der Marinade bestreichen, nach Belieben 1 dünne Tomatenscheibe darauflegen, zusammenklappen und auf dem heißen, gut geölten Grillrost bei mittlerer Hitze pro Seite 10 – 12 Min. grillen.

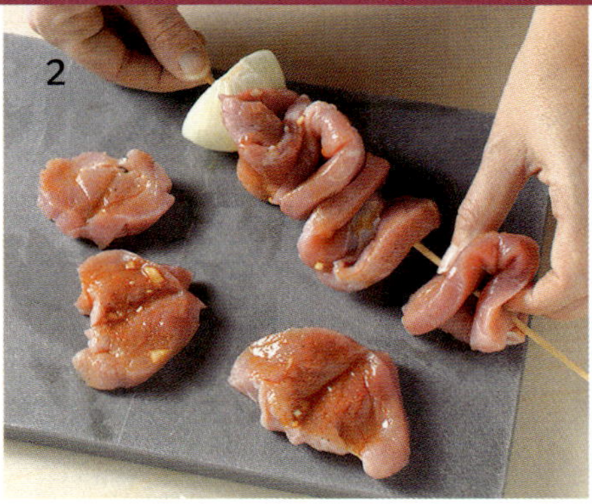
2

3

VERY BRITISH

Hochrippe mit Ginger-Mustard

2 dicke Scheiben gut abgehangene Rinder-Hochrippe ohne Knochen (gut 3 cm dick, à ca. 400 g)
2 EL englisches Senfpulver
3 EL Ginger Ale
4 EL Öl
Salz | Pfeffer
4 Tomaten
8 Scheiben Frühstücksspeck (Bacon)
Außerdem:
Öl für den Rost

Für 4 Personen
Zubereitung: 20 Min. | Grillen: 40 Min.

1 Das Fleisch trockentupfen, den Fettrand mit einem scharfen Messer mehrmals einkerben, damit er sich beim Grillen nicht wölbt. Das Senfpulver nach und nach mit dem Ginger Ale anrühren, kurz quellen lassen. Das Öl unterquirlen, mit Salz und Pfeffer würzen. Das Fleisch auf beiden Seiten mit etwas Ginger-Senf bestreichen, zugedeckt bis zum Grillen ruhen lassen.

2 Tomaten waschen, halbieren und die Schnittstellen mit etwas Salz bestreuen. Den Rost heiß werden lassen, gut ölen und das Fleisch bei mittlerer Hitze pro Seite 12 (rosa) bis 15 Min. (durch) grillen. Gleichzeitig am Rand des Rostes auf geölter Alufolie die Tomaten und den Speck behutsam rösten.

3 Das Fleisch bei schwacher Hitze, hoch über der Glut, 10 Min. ziehen lassen. Schräg zur Faser aufschneiden, mit Tomaten, Speck und restlichem Ginger-Mustard anrichten.

SUPER KOMBI

Entrecôtes mit Holunder-Hollandaise

4 Entrecôtes (à ca. 180 g; ersatzweise Rumpsteaks)
2 EL Olivenöl
2 EL abgezupfte Holunderblüten
75 ml Weißwein
200 g Butter
2 Eigelb
2 TL Weißweinessig
Salz
Pfeffer
Außerdem:
Öl für den Rost
Pürierstab

Für 4 Personen
Zubereitung: 40 Min. | Ruhezeit: 1 Std. | Grillen: 15 Min.

1 Die Steaks trockentupfen, den Fettrand bis zum Fleisch einschneiden. Die Steaks kräftig mit Olivenöl einreiben, kühl stellen. Holunderblüten im Weißwein 1 Std. ziehen lassen.

2 Grillrost gut heiß werden lassen, ölen und die Steaks bei starker Hitze pro Seite 3 – 5 Min. grillen.

3 Die Butter in ein Eisentöpfchen geben, den Holunder-Wein durch ein Sieb dazugießen und das Töpfchen in der Glut erhitzen, bis die Butter leise brutzelt. Herausnehmen. Die Steaks bei schwacher Hitze, hoch über der Glut, 5 Min. ziehen lassen.

4 Währenddessen die Eigelbe, Essig, Salz und Pfeffer mit dem Pürierstab mischen, dabei langsam die gerade nicht mehr brutzelnde Butter zugießen. 1 – 2 Min. mixen, bis die Sauce glatt und cremig ist. Die Steaks auf Teller verteilen, mit Salz und Pfeffer würzen und die Sauce angießen.

GANZ EINFACH

Vietnamesische Spieße

150 g frische Shiitake-Pilze (ersatzweise 15 g getrocknete)
400 g Rinderfilet (aus dem dicken Teil)
2 kleine grüne Chilischoten (Thai-Chilis)
2 EL Fischsauce
je 1 Handvoll glatte Petersilie, japanische Minze, scharfes Thai-Basilikum, Koriandergrün und Schnittlauch

Außerdem:
Holzspieße
Erdnussöl zum Bestreichen

Für 4 Personen
Zubereitung: 30 Min. | Einweichzeit nach Bedarf: 45 Min. | Grillen: 6 Min.

1 Pilze trocken säubern, die harten Stängel entfernen (getrocknete Pilze ca. 45 Min in warmem Wasser einweichen, dann die Stängel entfernen, Pilze trockentupfen). Das Rinderfilet mit Küchenpapier trockentupfen. Chilis waschen, putzen, fein hacken und mit der Fischsauce mischen.

2 Das Fleisch in hauchdünne Scheiben schneiden und zwischen Folie noch dünner klopfen. Auf beiden Seiten mit Fischsauce bestreichen.

3 Die Kräuter waschen und trockenschütteln, die Blättchen abzupfen und auf die Fleischscheiben verteilen, zu Röllchen drehen. Holzspieße ölen und abwechselnd Fleischröllchen und Pilze aufstecken, mit Erdnussöl bestreichen. Den Grillrost heiß werden lassen, ölen und die Spieße bei starker Hitze 2 – 3 Min. pro Seite grillen.

VARIANTE

Bei den Kräutern können Sie je nach Marktangebot beliebig variieren – aber Koriandergrün und Thai-Basilikum sollten dabei sein.

EXOTISCH-RAFFINIERT

Hack-Saté-Spieße mit Erdnussdip

2 Knoblauchzehen
30 g Ingwer
4 Stiele Koriandergrün
600 g Geflügel- oder Schweinehackfleisch
2 TL Wasabi-Paste (aus der Tube)
2 EL Sojasauce
Salz
8 Scheiben Frühstücksspeck (Bacon)
3 – 4 EL Öl
250 g Kokosmilch (aus der Dose)
100 g cremige Erdnussbutter
1 – 2 EL Limettensaft
Pfeffer
1 TL Currypulver
16 lange Holz-/Metallspieße
Öl zum Formen und Grillen

Für 4 Personen
Zubereitung: 35 Min. | Grillen: 15 Min.

1 Holzspieße in kaltem Wasser ca. 15 Min. einweichen. Knoblauch und Ingwer schälen und fein würfeln. Koriander waschen, trockenschütteln und die Blätter fein hacken. Das Hackfleisch mit Koriander, Wasabi, 1 EL Sojasauce sowie jeweils der Hälfte von Knoblauch und Ingwer verkneten. Die Masse evtl. mit Salz würzen.

2 Die Speckscheiben quer halbieren. Hackmasse in 16 Portionen teilen, mit geölten Händen jeweils zu Strängen rollen. Je 1 Hackstrang auf 1 halbierte Speckscheibe legen und flach drücken. Wellenförmig auf die Spieße stecken und mit Öl bestreichen.

3 Übrigen Knoblauch und Ingwer im restlichen Öl andünsten. Kokosmilch und Erdnussbutter dazugeben und unter Rühren kurz erhitzen. 1 EL Sojasauce und den Limettensaft unterrühren. Mit Salz, Pfeffer und Curry abschmecken. Hack-Saté-Spieße auf einer geölten Grillschale auf dem heißen Grill 10 – 15 Min. braten und mit Erdnussdip servieren.

PROVEN-
ÇALISCH

Schweinesteaks mit Kräutern

4 Schweinesteaks aus der Lende (à ca. 125 g)
1 Bio-Zitrone
1 TL Korianderkörner
1 TL Knoblauchgranulat
1 TL getrockneter Majoran
1 TL getrockneter Thymian
½ TL schwarze Pfefferkörner
grobes Meersalz
Außerdem:
Öl fürs Grillgitter

Für 4 Personen
Zubereitung: 20 Min. | Marinieren: 30 Min.
Grillen: 20 Min.

1 Die Steaks mit Küchenpapier trockentupfen, mit der flachen Seite des Fleischklopfers leicht klopfen. Die Zitrone heiß waschen, abtrocknen und ca. 2 TL Schale abreiben.

2 Koriander, Knoblauchgranulat, Kräuter und Pfeffer mit 1 Prise Salz im Mörser nicht zu fein zerstoßen. Mit der Zitronenschale mischen.

3 Die Kräuter-Gewürzmischung auf einen flachen Teller streuen. Die Steaks auf beiden Seiten fest in die Mischung drücken, in Folie wickeln und 30 Min. bei Zimmertemperatur ruhen lassen.

4 Das Grillgitter heiß werden lassen, mit Öl bestreichen und die Steaks auflegen. Bei mittlerer Hitze pro Seite 7 – 10 Min. grillen (oder in der Grillpfanne garen), bis die Steaks schön gebräunt sind; die Kruste darf aber nicht zu dunkel werden, sonst schmeckt sie bitter.

5 Die Zitrone auspressen. Die Steaks mit etwas Zitronensaft beträufeln und servieren.

Schweinekoteletts mit Salbei

4 dicke Schweinekoteletts (à ca. 200 g)
8 Salbeiblätter
1 Zwiebel
2 Knoblauchzehen
2 Zweige Thymian
2 Gewürznelken
1 Lorbeerblatt
200 ml trockener Weißwein
2 EL Olivenöl
Salz
Pfeffer
Außerdem:
Öl für den Rost und zum Bestreichen

Für 4 Personen
Zubereitung: 45 Min. | Marinieren: 6 Std.
Grillen: 20 Min.

1 Die Koteletts mit Küchenpapier trockentupfen, leicht klopfen. Von der Seite jeweils zwei tiefe Taschen einschneiden. Die Salbeiblätter trocken abreiben und in die Taschen stecken. Die Koteletts nebeneinander in eine Schale legen.

2 Die Zwiebel und den Knoblauch schälen und in dünne Scheiben schneiden. Den Thymian waschen, trockenschütteln und die Blättchen abzupfen. Nelken und Lorbeer leicht zerdrücken. Alle vorbereiteten Zutaten mit Wein und Olivenöl mischen, über die Koteletts gießen. Zugedeckt 4 – 6 Std. im Kühlschrank marinieren, ab und zu wenden.

3 Die Koteletts aus der Marinade heben, trockentupfen und auf beiden Seiten mit Öl bestreichen. Den Rost heiß werden lassen, ölen und die Koteletts bei starker Hitze pro Seite 5 – 7 Min. grillen, bis sie gut gebräunt sind. Dann bei schwacher Hitze hoch über der Glut noch ca. 7 Min. nachziehen lassen. Mit Salz und Pfeffer würzen.

oben: Schweinesteaks mit Kräutern | unten: Schweinekoteletts mit Salbei

Schweinenacken mit Dunkelbier-Zwiebeln

Warum Schweinenacken selbst einlegen? Weil man dann gutes Fleisch wählen kann und sicher weiß, was alles in der Marinade steckt.

Für das Fleisch:
2 EL flüssiger Honig
gut 3 EL Dijon-Senf
Pfeffer
6 EL Sonnenblumenöl
3 EL Ananassaft (ersatzweise 2 EL Zitronensaft)
½ Handvoll Majoranblättchen
4 dicke Scheiben Schweinenacken (Halsgrat) ohne Knochen (à ca. 200 g)
Salz
Öl zum Bepinseln
Für die Zwiebeln:
4 Zwiebeln
2 EL Öl
Salz | Pfeffer
3 EL flüssiger Honig
100 ml dunkles Bier

Für 4 Personen
Zubereitung: 30 Min. | Marinieren: 4 Std.
Grillen: 12 Min.

1 Den Honig, den Senf und grob gemahlenen Pfeffer mit einem Schneebesen verrühren. Öl und Ananassaft unterrühren. Majoran waschen und trockenschütteln. Die Blättchen abzupfen, hacken und mit der Marinade mischen.

2 Die Fleischscheiben mit der Marinade in einen Gefrierbeutel geben. Beutel fest verschließen und durchkneten, damit sich Fleisch und Marinade gut verbinden. Fleisch im Kühlschrank mind. 4 Std. oder auch über Nacht ziehen lassen.

3 Die Zwiebeln schälen und in dickere Ringe schneiden. Das Öl in einer Pfanne erhitzen. Zwiebeln darin bei starker Hitze anbraten und kräftig salzen und pfeffern. Mit dem Honig beträufeln und karamellisieren lassen. (Aber Achtung: Die Zwiebeln sollen dabei nicht schwarz werden.) Die Zwiebeln nach ca. 5 Min. mit dem Bier ablöschen. Alles aufkochen und dann bei sehr schwacher Hitze in 15 – 20 Min. einkochen lassen.

4 Das Fleisch 30 Min. vor Grillbeginn aus dem Kühlschrank nehmen und Zimmertemperatur annehmen lassen.

5 Den Grill vorheizen. Den Rost mit Öl einreiben. Die Marinade vom Fleisch abstreifen, z. B. mit einem Teigschaber. Die Fleischscheiben salzen und je nach Dicke bei mittlerer Hitze 4 – 6 Min. grillen, dann wenden und weitere 4 – 6 Min. grillen. Das Fleisch mit den Zwiebeln servieren.

links: Holzfällersteaks mit Zwiebeln | rechts: Pfeffersteaks mit Rosmarin

EIN MUSS FÜR STEAK-FREAKS!

Holzfällersteaks mit Zwiebeln

4 Schweinenackensteaks (à ca. 200 g, ca. 2 cm dick)
2 TL getrockneter Majoran
2 TL edelsüßes Paprikapulver
Salz
Pfeffer
2 große rote Zwiebeln

Für 4 Personen
Zubereitung: 10 Min. | Marinieren: 30 Min.
Grillen: 10 Min.

1 Die Schweinenackensteaks mit Küchenpapier trockentupfen. Mit Majoran, Paprikapulver, Salz und Pfeffer würzen und einreiben. Abgedeckt bei Zimmertemperatur etwa 30 Min. ziehen lassen.

2 Die Zwiebeln schälen und in dünne Ringe schneiden. Abdecken und beiseitestellen.

3 Die Steaks auf den Grillrost legen und mit etwa 10 cm Abstand zur Glut etwa 10 Min. grillen, dabei einmal wenden. Mit den rohen Zwiebelringen servieren.

VARIANTE – WÜRZE FÜRS AROMA

Statt des Majoran-Paprikapulver-Mix (Salz und Pfeffer kommen immer dazu) schmecken auch andere Gewürzmischungen: Die Nadeln von 1 großen Zweig Rosmarin mit 1 Stück Bio-Zitronenschale sehr fein hacken oder 1 EL Zitronen-Kräuter-Öl mit 2 TL getrockneten Kräutern der Provence vermischen und die Steaks damit einreiben. Oder das Fleisch einfach mit Barbecue-Sauce einpinseln.

Pfeffersteaks mit Rosmarin

2 Zweige Rosmarin
2 EL Pfefferkörner
4 EL Olivenöl
4 TL Honig
Salz
4 Rinderlenden- oder Rinderfiletsteaks (à ca. 180 g, etwa 3 cm dick)

Für 4 Personen
Zubereitung: 10 Min. | Marinieren: 30 Min.
Grillen: 8 Min.

1 Den Rosmarin waschen, trockenschütteln und die Nadeln von den Zweigen streifen. Die Pfefferkörner im Mörser grob zerstoßen. Beides mit Öl, Honig und Salz zu einer Marinade verrühren.

2 Die Steaks mit Küchenpapier trockentupfen und von allen Sehnen befreien, eventuelle Fettränder im Abstand von 3 – 4 cm einschneiden. Die Steaks mit der Marinade einreiben, abgedeckt bei Zimmertemperatur etwa 30 Min. ruhen und ziehen lassen.

3 Die Steaks auf den Grillrost legen und mit etwa 10 cm Abstand zur Glut in etwa 8 Min. rosa grillen, dabei einmal wenden.

WIE MÖCHTEN SIE IHR STEAK?

Soll es medium (innen rosa) sein, grillen Sie das 180-g-Steak wie im Rezept angegeben. Wer es raw (innen roh, außen mit dünner brauner Kruste) möchte, legt es insgesamt 2 – 4 Min. auf den Rost. Rare (mit einem blutigen Kern) wird das Steak in 4 – 6 Min. und well done (durchgebraten) in 10 – 12 Min.

HINGUCKER

Salbei-Knoblauch-Salsicce

1 Handvoll Salbeiblättchen | 5 große Knoblauchzehen | 12 Salsicce à ca. 80 g, italienische gewürzte rohe Würste, ersatzweise andere rohe Bratwürste)

Für 4 Personen
Zubereitung 10 Min. | Grillen 15 Min.

1 Salbeiblättchen waschen und trockentupfen. Den Knoblauch schälen und in dünne Scheiben schneiden. Die Salsicce auf einer Seite mit etwas Abstand mehrmals schräg einschneiden. In jeden Einschnitt abwechselnd je 1 Salbeiblättchen und 1 Knoblauchscheibe stecken.

2 Die Würste auf den Grillrost legen und mit etwa 10 cm Abstand zur Glut 10 – 15 Min. grillen, dabei immer wieder wenden.

Thymian-Pecorino-Würstchen

12 Zweige Thymian | 70 g mittelalter Pecorino (ersatzweise Parmesan) | 12 rohe Bratwürste (à ca. 80 g) | grobes Küchengarn

Für 4 Personen
Zubereitung: 10 Min. | Grillen: 15 Min.

1 Thymianzweige waschen und trockenschütteln. Pecorino in kleinere Stücke zerbröseln. Die Würste längs tief ein-, aber nicht durchschneiden. Pecorino in den Einschnitten verteilen, jeweils 1 Thymianzweig (oder die abgezupften Blättchen) darauf legen, gut eindrücken und wieder »verschließen«. Die Würste mit Küchengarn verschnüren.

2 Die Würste auf den Grillrost legen und mit etwa 10 cm Abstand zur Glut 10 – 15 Min. grillen, dabei immer wieder wenden.

SAFTIG & KROSS

Würstchenspieße im Speckmantel

4 Stängel Oregano | 3 EL Tomatenmark | 3 EL Zitronensaft | 2 TL edelsüßes Paprikapulver | 1 TL rosenscharfes Paprikapulver | Salz | 16 Scheiben Frühstücksspeck (Bacon, 160 g) | 8 Thüringer Rostbratwürste (à ca. 80 g) | 4 lange Holzspieße

Für 4 Personen
Zubereitung: 15 Min. | Grillen: 10 Min.

1 Oregano waschen, trockenschütteln, die Blättchen fein hacken. Mit Tomatenmark, Zitronensaft, Paprikapulver und Salz verrühren. Speckscheiben auf einer Seite mit der Tomatenpaste bestreichen, quer halbieren.

2 Würste vierteln, jedes Wurststück mit Speck umwickeln und auf die Spieße stecken. Spieße auf den Grillrost legen und mit etwa 10 cm Abstand zur Glut etwa 10 Min. grillen, dabei ab und zu wenden.

Kalbsleberspieße Berliner Art

350 g Kalbsleberscheiben (ca. 2 cm dick) | 1 Zwiebel | 1 säuerlicher Apfel (z. B. Braeburn) | 2 EL Zitronensaft | Salz | Pfeffer | 2 EL Mehl | 4 lange Holzspieße | Alufolie und Öl zum Grillen

Für 4 Personen
Zubereitung: 20 Min. | Grillen: 12 Min.

1 Leber trockentupfen, etwa 4 cm groß würfeln. Zwiebel schälen und in dünne Spalten schneiden. Apfel vierteln, nach Belieben schälen, entkernen, in 2 – 3 cm große Würfel schneiden und mit Zitronensaft beträufeln.

2 Leber, Zwiebel und Apfel abwechselnd auf die Spieße stecken. Salzen und pfeffern, mit Mehl bestäuben. Grillrost mit Alufolie auslegen, einölen. Die Spieße darauf legen und mit etwa 10 cm Abstand zur Glut 10 – 12 Min. grillen, dabei immer wieder wenden.

oben: Carpaccio vom Grill auf Fenchel | unten: Türkisches Lamm-Schaschlik

EINFACH

Carpaccio vom Grill auf Fenchel

300 g Rinderfilet (vom mittleren Abschnitt)
300 g feste Kirschtomaten
2 Fenchelknollen (ca. 600 g)
1 Bund Basilikum
Salz
Pfeffer
Außerdem:
Olivenöl zum Bestreichen
Holzspieße

Für 4 Personen
Zubereitung: 45 Min. | Grillen: 16 Min.

1 Das Rinderfilet sorgfältig von Häuten und Fett befreien und in dünne Scheiben schneiden. Diese zwischen geölter dicker Frischhaltefolie mit der flachen Seite des Fleischklopfers ganz dünn klopfen.

2 Gemüse und Basilikum waschen. Basilikumblätter abzupfen. Fenchel putzen und durch den Strunk in Scheiben schneiden. In kochendem Salzwasser 3 Min. vorgaren, kalt abschrecken und abtropfen lassen. Holzspieße ölen.

3 Die Filetscheiben leicht salzen und pfeffern, je 1–2 Basilikumblätter und 1 Kirschtomate in 1 Fleischscheibe wickeln und die Röllchen auf die Spieße stecken. Den Grillrost ölen. Fenchel salzen, pfeffern und mit Öl bestreichen, bei mittlerer Hitze ca. 5 Min. pro Seite bräunen, auf Teller legen. Die Spieße mit Öl bestreichen und bei stärkerer Hitze in 2–3 Min. pro Seite leicht bräunen. Auf dem Fenchel anrichten, gleich servieren.

VARIANTE
Wenn Sie einen guten Metzger haben, können Sie statt Filet abgehangenes Falsches Filet (auch Schulterspitz genannt) nehmen.

Türkisches Lamm-Schaschlik

750 g Lammlende (ausgelöster Lammrücken, Lammlachse)
2 Lammnieren (nach Belieben)
3 EL Zitronensaft
6 EL Olivenöl (+ Öl zum Bestreichen)
125 g kleine Champignons
2 grüne Paprikaschoten
8 Kirschtomaten | Salz
Außerdem:
Holzspieße

Für 4 Personen
Zubereitung: 45 Min. | Marinieren: 3 Std.
Grillen: 12 Min.

1 Das Lammfleisch in 2 cm dicke Scheiben schneiden. Eventuell die Lammnieren putzen, in ebenso dicke Scheiben schneiden. Zitronensaft mit Olivenöl verrühren. Die Lammscheiben darin wenden, in eine Schüssel geben und zugedeckt 2–3 Std. im Kühlschrank marinieren.

2 Die Champignons mit einem Pinsel säubern, die Stiele abschneiden. Die Paprikaschoten waschen, putzen und in 3 cm große Stücke schneiden. Tomaten waschen. 12 Holzspieße ölen. Das Fleisch aus der Marinade heben und die Scheiben abwechselnd mit Pilzen, Paprika und Tomaten flach auf die Spieße reihen.

3 Die Schaschlikspieße auf dem geölten Rost bei starker Hitze pro Seite in 5–6 Min. knusprig braun grillen, dabei mit der übrigen Marinade bestreichen. Die Spieße salzen und auf Teller verteilen.

VARIANTE
Statt Paprikaschoten flache Grillzwiebeln nehmen. Diese kurz blanchieren, dann erst schälen.

RAFFINIERT & FEURIG

Hotdogs mit Sauerkraut

4 große Hotdog-Würstchen
200 g gegartes Sauerkraut (Dose)
4 große, längliche Brötchen (Hotdog- oder Baguette-Brötchen)
4 große Scheiben Cheddar-Käse
4 TL mittelscharfer Senf
Außerdem:
Öl zum Bestreichen
1 Aluschale

Für 2 – 4 Personen
Zubereitung: 25 Min. | Grillen: 10 Min.

1 Die Würstchen trockentupfen und auf beiden Seiten quer leicht einritzen, mit Öl bestreichen. Das Sauerkraut leicht ausdrücken und in eine geölte Aluschale füllen. Die Brötchen aufschneiden.

2 Den Grillrost heiß werden lassen, ölen und die Würstchen in der Rostmitte bei mittlerer Hitze rundum in ca. 10 Min. hellbraun grillen. Gleichzeitig das Sauerkraut und die Brötchen am Rand des Grills heiß werden lassen.

3 Die Käsescheiben mit Senf bestreichen. Je 1 Würstchen in 1 Käsescheibe wickeln, in die Brötchen füllen und auf den Grill legen, bis der Käse zu schmelzen beginnt. Mit dem Sauerkraut füllen, die Hotdogs halb in Servietten wickeln und servieren.

VARIANTE

Hotdogs (wer Appetit hat, schafft spielend zwei) werden auch mit Coleslaw (Krautsalat, S. 45) oder süßsauren Relish-Gurken (S. 21) gefüllt. Sie können auch Ketchup darüberklecksen, das ist aber nicht typisch.

Grillwürste mit kreolischer Sauce

2 Frühlingszwiebeln
1 Stange Staudensellerie
2 rote Chilischoten
2 EL Öl (+ Öl zum Bestreichen)
3 EL brauner Rum (ersatzweise Apfelsaft)
600 g passierte Tomaten (Fertigprodukt)
1 EL Worcestersauce
Salz | Pfeffer
Muskatnuss
2 TL Zitronensaft
8 sehr scharf gewürzte Paprika-Bratwürste (ersatzweise 500 g spanische Chorizo)
1 EL gehackte Petersilie (nach Belieben)

Für 4 Personen
Zubereitung: 35 Min. | Grillen: 12 Min.

1 Frühlingszwiebeln und Staudensellerie waschen und putzen. Sellerie und den hellen Zwiebelteil ganz klein würfeln. Chilis waschen, putzen und aufschlitzen, entkernen und fein hacken. 2 EL Öl erhitzen und das Gemüse darin bei mittlerer Hitze in ca. 7 Min. hellbraun anbraten. Den Rum angießen und fast einkochen lassen. Das Tomatenpüree einrühren, mit Worcestersauce, Salz, Pfeffer und Muskat würzen, aufkochen und mit Zitronensaft abschmecken. Beiseitestellen.

2 Den Grillrost heiß werden lassen, ölen. Die Würste auf jeder Seite mehrmals mit einem scharfen Messer quer einritzen (Chorizo in ca. 10 cm lange Stücke schneiden). Würste mit Öl bestreichen und rundum bei mittlerer Hitze in 10 – 12 Min. knusprig grillen. Mit der lauwarmen Sauce übergießen, mit Petersilie bestreuen und mit knusprigem Weißbrot servieren.

oben: Hotdogs mit Sauerkraut | unten: Grillwürste mit kreolischer Sauce

oben: Kartoffel-Hack-Spieße | unten: Hacksteaks mit Coleslaw

GELINGT LEICHT

Kartoffel-Hack-Spieße

8 kleine festkochende Kartoffeln (à ca. 50 g)
2 kleine Zucchini (à ca. 150 g)
80 g durchwachsener Räucherspeck
½ kleiner Apfel
400 g gemischtes Hackfleisch
1 Eigelb (Größe M)
3 EL Semmelbrösel
2 – 3 EL Röstzwiebeln (Fertigprodukt)
1 EL mittelscharfer Senf
Salz | Pfeffer
1 TL Currypulver
8 lange Holz-/Metallspieße
4 EL Olivenöl
Öl zum Grillen

Für 4 Personen
Zubereitung: 40 Min. | Garen: 20 Min. | Grillen: 20 Min.

1 Kartoffeln waschen und in Wasser ca. 20 Min. garen. Kalt abschrecken, pellen und abkühlen lassen. Inzwischen Zucchini putzen, waschen und in 16 Stücke schneiden. Speck quer in 16 Scheiben schneiden. Apfel schälen, entkernen und grob reiben, Apfelraspel etwas abtropfen lassen.

2 Holzspieße in kaltem Wasser ca. 15 Min. einweichen. Inzwischen Hack, Apfel, Eigelb, Semmelbrösel, Röstzwiebeln und Senf verkneten. Mit Salz, Pfeffer und Curry würzen und mit angefeuchteten Händen zu 16 Bällchen formen.

3 Auf die Spieße abwechselnd je 2 Hackbällchen, 1 Kartoffel, 2 Zucchini und 2 Speckscheiben stecken. Zutaten mit Öl bestreichen. Kartoffel-Hack-Spieße auf einer geölten Grillschale auf dem heißen Grill rundherum 15 – 20 Min. braten. Sofort servieren, nach Belieben mit Thymian garnieren.

Hacksteaks mit Coleslaw

550 g Weißkohl
Salz
1 Möhre
3 Frühlingszwiebeln
2 Knoblauchzehen
70 g Salatcreme (Fertigprodukt)
70 g Crème fraîche mit Kräutern
1 TL Zucker
2 – 3 EL Weißweinessig
Pfeffer
3 EL gesalzene geröstete Erdnüsse
600 g Rinderhackfleisch
3 EL Gemüsemais (aus der Dose)
edelsüßes Paprikapulver
2 – 3 EL Öl
Öl zum Grillen

Für 4 Personen
Zubereitung: 1 Std. | Grillen: 15 Min.

1 Kohl putzen und waschen, dicke Blattrippen entfernen. Kohl in feine Streifen schneiden oder hobeln. Mit 1 TL Salz verkneten und ca. 30 Min. ziehen lassen. Inzwischen Möhre schälen und raspeln. 1 Frühlingszwiebel putzen, waschen und in Streifen schneiden. Knoblauch schälen und durchpressen.

2 Hälfte des Knoblauchs, Salatcreme, 50 g Crème fraîche, Zucker und Essig verrühren. Mit Kohl, Möhre und Zwiebel mischen, mit Salz und Pfeffer würzen. Coleslaw zugedeckt ca. 30 Min. ziehen lassen.

3 Übrige Frühlingszwiebeln putzen, waschen, klein schneiden. Erdnüsse hacken. Mit Hack, 20 g Crème fraîche, Frühlingszwiebeln, restlichem Knoblauch und Mais verkneten. Mit Salz, Pfeffer und Paprika würzen. Hack mit angefeuchteten Händen zu 4 Steaks formen, mit Öl bestreichen. Auf einer geölten Grillschale auf dem heißen Grill unter Wenden 10 – 15 Min. braten. Coleslaw dazu servieren.

GRUND-REZEPT MIT VARIANTEN

Gegrillte Koteletts

Klarer Fall: Bei jeder Grillparty sollte man für jeden Gast ein Kotelett parat haben. Dieser Klassiker kommt einfach immer gut an!

4 Schweinenackenkoteletts (1 ½ cm dick, à ca. 240 g)
3 EL körniger Senf
1 EL Apfelessig
1 TL Apfeldicksaft
1 TL gemahlener Kümmel
Salz

Für 4 Personen
Zubereitung: 10 Min. (+ nach Belieben einige Stunden Marinieren) | Grillen: 20 Min.

1 Die Fettschicht der Koteletts im Abstand von ungefähr 2 cm leicht einschneiden, dabei aber nicht ins Fleisch schneiden. Das verhindert, dass sich das Fett beim Grillen zu stark zusammenzieht und sich die Koteletts aufbiegen.

2 Den Senf mit Essig, Dicksaft und dem Kümmel verrühren. Die Koteletts mit Salz bestreuen und mit der Senfmischung einstreichen. So können sie jetzt gleich auf den Grill oder aber ein paar Stunden im Kühlschrank auf ihren Einsatz warten.

3 Die gewürzten Koteletts auf den Grillrost legen (mit etwa 15 cm Abstand zur Glut) und 15 – 20 Min. grillen, bis sie schön knusprig und durch sind. Dabei ab und zu umdrehen. Dazu schmeckt Gurkensalat oder gemischter Salat, aber auch Kartoffelsalat. Und natürlich Brot oder Brezeln und vielleicht sogar noch mehr Senf.

VARIANTE 1: TOMATENMARINADE

4 EL Tomatenpüree (aus dem Tetrapak) mit 1 EL braunem Zucker oder Honig, 2 EL Sojasauce, 1 EL Zitronensaft oder Reisessig und 1 EL Öl verrühren. 2 Knoblauchzehen schälen und dazupressen. Mit Salz abschmecken.

VARIANTE 2: KRÄUTERMARINADE

2 Zweige Rosmarin, 4 Zweige Thymian, ¼ Bund Oregano und 4 Salbeiblättchen abbrausen, trockenschütteln und fein hacken. 1 Bio-Zitrone heiß waschen und die Schale dünn abschälen, 2 Knoblauchzehen schälen, beides mit 1 getrockneten Chilischote fein schneiden. Alles mit 2 EL Zitronensaft mischen. Passt auch zu Lamm und Hähnchen (dann noch etwas Olivenöl untermischen).

VARIANTE 3: INGWERMARINADE

1 Stück Ingwer (etwa 5 cm) und 2 Knoblauchzehen schälen, fein hacken. Mit 3 EL trockenem Sherry oder Reiswein, 1 EL Zitronensaft oder Reisessig und je 1 TL braunem Zucker und Currypulver verrühren. Passt sehr gut zu Schweinekoteletts und zu rohen Bratwürsten.

VARIANTE 4: KOKOSMARINADE

1 rote Zwiebel schälen und fein reiben. 2 Knoblauchzehen schälen, dazupressen. 1 Bio-Limette heiß waschen, die Schale fein abreiben. Alles mit 50 g Kokosmilch, 1–2 EL Kokosraspeln und je ½ TL gemahlener Kurkuma, gemahlenem Kreuzkümmel und Koriander verrühren. Mit Salz und Pfeffer abschmecken.

GEFLÜGEL

Hat man den richtigen Dreh raus, wird auch Geflügel auf dem Grill keine trockene Angelegenheit. Und an knusprigen Chicken Wings frisch vom Grill kommt ohnehin keiner vorbei.

INDISCH

Kleine Hähnchenkeulen auf Tandoori-Art

16 Hähnchenunterkeulen (à ca. 1,3 kg)
1 Knoblauchzehe
1 Stück Ingwer (ca. 2 cm)
400 g Joghurt
fein abgeriebene Schale und Saft von 1 Bio-Zitrone
je 1 TL gemahlener Koriander und Kreuzkümmel, Kurkumapulver und Garam masala
½ TL Chilipulver
Salz
Pfeffer
Außerdem:
rote Lebensmittelfarbe (nach Belieben)

Für 4 Personen
Zubereitung: 15 Min. | Marinieren: 5 Std.
Grillen: 25 Min.

1 Die Hähnchenkeulen waschen und trockentupfen. Knoblauch schälen und durch die Presse drücken. Den Ingwer schälen und fein hacken.

2 Knoblauch und Ingwer mit Joghurt, Zitronenschale und -saft sowie den Gewürzen verrühren. Nach Belieben mit ein paar Tropfen Lebensmittelfarbe rot färben. Die Hähnchenkeulen einlegen und mindestens 5 Std. marinieren lassen.

3 Die Hähnchenkeulen aus der Marinade nehmen und auf den Grillrost legen (am besten am Rand, wo die Hitze nicht so stark ist). Mit etwa 10 cm Abstand zur Glut 15 – 25 Min. grillen (je nach Größe der Keulen), dabei immer wieder wenden.

AROMA-TIPP
Wer mag, legt dünne Zitronenscheiben mit auf den Grill und isst sie mit den Hähnchenkeulen.

AUS HAWAII

Hähnchenschenkel Huli Huli

4 große Hähnchenschenkel (à ca. 250 g)
2 große rote Chilischoten (ca. 40 g)
2 Schalotten
30 g Ingwer
4 Knoblauchzehen
2 EL mittelscharfer Senf
1 EL brauner Rohrzucker
1 TL gemahlener Piment
½ TL Zimtpulver
4 EL Öl (+ Öl für den Grillrost)
2 EL Limettensaft
2 EL brauner Rum
Salz
Pfeffer

Für 4 Personen
Zubereitung: 1 Std. | Marinieren: 6 Std. | Grillen: 20 Min.

1 Die Hähnchenschenkel trockentupfen, die Haut vorsichtig etwas anheben und vom Fleisch lösen. Die Chilis waschen, putzen und grob zerschneiden. Schalotten, Ingwer und Knoblauch schälen, in Stücke schneiden. Alles mit Senf, Zucker, Gewürzen, Öl, Limettensaft und Rum glatt mixen, salzen und pfeffern. Die Hälfte der Sauce beiseitestellen.

2 Etwas Sauce unter der Haut der Schenkel verteilen, das Fleisch rundum mit dem Rest einreiben. Zugedeckt 4 – 6 Std. im Kühlschrank marinieren.

3 Den Grillrost heiß werden lassen und gut ölen. Die Hähnchenschenkel bei mittlerer Hitze pro Seite 12 – 15 Min. leise brutzelnd grillen. Hoch über der Glut noch 5 Min. nachziehen lassen. Mit der beiseitegestellten Chilisauce servieren.

AUS ITALIEN

Hähnchen-Tagliata auf Rucola

4 Hähnchenbrustfilets (à ca. 150 g)
1 große Bio-Zitrone
4 EL Olivenöl
Salz | Pfeffer
250 g Rucola
2 Tomaten
Außerdem:
Öl für den Rost

Für 4 Personen
Zubereitung: 35 Min. | Grillen: 15 Min.

1 Die Hähnchenfilets trockentupfen, mit der flachen Seite des Fleischklopfers leicht klopfen. Die Zitrone heiß waschen, ca. 1 TL Schale abreiben und mit 1 EL Olivenöl verrühren. Die Zitrone auspressen. Hähnchenfilets mit Salz und Pfeffer würzen, mit dem Zitronenöl bestreichen und in Frischhaltefolie wickeln. Bis zum Grillen marinieren.

2 Den Rucola verlesen, harte Stängel entfernen. Rucola waschen und trockenschleudern. Die Blätter etwas kleiner zupfen und auf Tellern auslegen. Die Tomaten waschen und ohne Stielansatz klein würfeln, über den Rucola streuen.

3 Den Grillrost heiß werden lassen und ölen. Die Hähnchenfilets bei starker Hitze pro Seite ca. 5 Min. grillen. Dann den Rost hoch über der Glut einhängen und das Fleisch 5 Min. nachziehen lassen. Den Zitronensaft mit Salz, Pfeffer und 3 EL Olivenöl verquirlen. Das Fleisch in Streifen schneiden und auf dem Salatbett anrichten, mit der Sauce beträufeln und gleich servieren.

VARIANTE
Klassisch mit Rinderlende: Lendensteaks pro Seite 3 (rosa) bis 5 Min. (durch) grillen, ziehen lassen und in Streifen schneiden.

AUS JAMAIKA

Würzhähnchen mit Ananassauce

2 Zwiebeln
3 Knoblauchzehen
3 getrocknete Chilischoten
1 EL brauner Rohrzucker
1 TL getrockneter Thymian
2 EL Pimentkörner
1 Lorbeerblatt
Salz | Pfeffer
4 große Hähnchenschenkel
1 EL Öl (+ Öl für den Grillrost)
¼ l Ananassaft
3 EL Ananaskonfitüre
2 EL helle Sojasauce
Tabascosauce

Für 4 Personen
Zubereitung: 30 Min. | Grillen: 1 Std.

1 Zwiebeln und Knoblauch schälen, zerschneiden und mit Chilis, Zucker und Thymian im Mixer pürieren. Piment, Lorbeer und 1 Prise Salz im Mörser fein zerreiben, zum Püree geben. Mit Salz und Pfeffer abschmecken. Die Hähnchenschenkel trockentupfen, die Hälfte der Paste darauf streichen, zugedeckt kühl stellen.

2 In einem Topf das Öl erhitzen und die übrige Paste bei mittlerer Hitze 5 Min. dünsten. Ananassaft und -konfitüre unterrühren, offen bei schwacher Hitze 10 Min. garen. Mit Sojasauce, Tabasco, Salz und Pfeffer pikant abschmecken. Abkühlen lassen, ab und zu umrühren.

3 Wenn die Kohle gut durchgeglüht ist, diese auf die Seite schieben. Den Grillrost ölen und die Hähnchenschenkel in die Mitte legen, sodass sie mehr räuchern als grillen. 45 – 60 Min. garen, dabei ab und zu umdrehen. Mit der Ananassauce servieren.

TEXMEX-
KLASSIKER

Chili-Chicken-Wings

20 Hähnchenflügel zum Grillen
1 Zwiebel
2 Knoblauchzehen
2 EL Öl (+ Öl für den Grillrost)
500 g passierte Tomaten (Fertigprodukt)
2 EL brauner Rohrzucker
2 TL Barbecue-Gewürz (S. 108)
½ TL Cayennepfeffer
Salz | Pfeffer
2 EL Apfelessig
150 g Crème fraîche
2 EL eingelegte Jalapeño-Ringe (grüne mexikanische Chilis, nach Belieben)

Für 4 Personen
Zubereitung: 1 Std. | Grillen: 30 Min.

1 Die Hähnchenflügel trockentupfen, eventuell die Spitzen abschneiden. Zugedeckt in den Kühlschrank stellen.

2 Zwiebel und Knoblauch schälen, in Stücke schneiden und im Blitzhacker oder mit dem Pürierstab zermusen.

3 Das Öl erhitzen, das Püree kurz andünsten. Tomaten, Zucker, Barbecue-Gewürz und Cayennepfeffer zugeben, bei schwacher Hitze ca. 20 Min. ziehen lassen, dabei öfter umrühren. Mit Salz, Pfeffer und Essig abschmecken, abkühlen lassen.

4 Grillrost heiß werden lassen und ölen. Die Hähnchenflügel mit Sauce bestreichen und bei mittlerer Hitze in 10 – 15 Min. pro Seite knusprig grillen. Anrichten und mit der übrigen Sauce übergießen. Die Crème fraîche darüberklecksen und nach Belieben mit Jalapeño-Ringen bestreuen.

PREISWERT

Geflügelleberspieße auf Schnittlauch-Joghurt

300 g Joghurt (3,5 % Fett)
1 Bund Schnittlauch
2 TL Zitronensaft
Salz | Pfeffer
3 – 4 Tropfen grüne Tabascosauce
400 g Putenleber (ersatzweise Hähnchenleber)
4 Zwiebeln
1 Bund Salbei
100 g Frühstücksspeck (Bacon)
Außerdem:
Spieße
Öl zum Bestreichen

Für 4 Personen
Zubereitung: 45 Min. | Grillen: 10 Min.

1 Den Joghurt glatt rühren. Schnittlauch waschen, trocknen und fein schneiden. Mit Zitronensaft, Salz, Pfeffer und Tabasco unter den Joghurt rühren, den Dip kühl stellen.

2 Die Putenleber eventuell putzen. Die Zwiebeln schälen und vierteln. Salzwasser aufkochen, die Zwiebeln darin 4 Min. kochen und herausheben. Die Putenleber 1 – 2 Min. im Wasser garen, bis sie gerade fest ist. Kalt abschrecken und abtropfen lassen.

3 Salbeiblätter trocken abreiben. Je 1 Blatt auf 1 Leber legen. Speckscheiben quer halbieren, die Leberstücke in je ½ Scheibe wickeln. Spieße ölen, abwechselnd Lebern und Zwiebeln aufstecken. Die Spieße nur leicht salzen, mit Öl bestreichen und auf dem heißen, geölten Rost bei starker Hitze in ca. 10 Min. rundum braun grillen, dabei öfter wenden und mit Öl bestreichen. Heiß auf dem kalten Joghurt servieren.

oben: Satéspieße mit Erdnusssauce | unten: Buntes Kaninchen-Schaschlik

MACHT WAS HER

Satéspieße mit Erdnusssauce

1 Stück Ingwer (ca. 6 cm)
1 Stängel Zitronengras
400 g Kokosmilch
3 TL gemahlener Koriander
1 ½ TL rosenscharfes Paprikapulver
Salz
6 EL Limettensaft
2 EL Honig
600 g Hähnchenbrustfilet
75 g geschälte ungesalzene Erdnusskerne
50 g cremige Erdnussbutter
1 Knoblauchzehe
12 Holzspieße

Für 4 Personen
Zubereitung: 25 Min. | Marinieren: 5 Std.
Grillen: 10 Min.

1 4 cm Ingwer schälen, Zitronengras waschen und putzen, beides fein schneiden. Mit 200 g Kokosmilch, 2 TL Koriander, 1 TL Paprikapulver, Salz, 3 EL Limettensaft und 1 EL Honig verrühren. Hähnchenfleisch in 1 cm breite lange Streifen schneiden und ziehharmonikaartig auf die Spieße stecken. In der Marinade mindestens 5 Std. ziehen lassen.

2 Erdnüsse im kleinen Topf bei mittlerer Hitze goldbraun rösten. Fein hacken und zurück in den Topf geben. Mit Erdnusscreme, übriger Kokosmilch, restlichem Limettensaft, Honig, Koriander und Paprikapulver verrühren. Knoblauch und übrigen Ingwer schälen, fein hacken und untermischen. Unter Rühren bei mittlerer Hitze in 2 – 4 Min. cremig einkochen lassen. Sauce mit Salz abschmecken.

3 Marinade von den Spießen abstreifen. Spieße auf den Grillrost legen, mit etwa 10 cm Abstand zur Glut etwa 10 Min. grillen. Mit der Sauce servieren.

Buntes Kaninchen-Schaschlik

600 g Kaninchenfilet
200 g milde Mini-Paprikaschoten (15 – 20 Stück)
2 kleine Zwiebeln
24 Lorbeerblätter
500 g Buttermilch
Salz
Pfeffer
1 EL Wacholderbeeren
8 lange Holzspieße
Alufolie und Öl zum Grillen

Für 4 Personen
Zubereitung: 25 Min. | Marinieren: 5 Std.
Grillen: 20 Min.

1 Das Kaninchenfleisch von den Sehnen befreien und in etwa 3 cm große Würfel schneiden. Paprikaschoten waschen und je nach Größe quer halbieren oder dritteln. Die Zwiebeln schälen und in etwa 1 ½ cm breite Spalten schneiden. Lorbeerblätter waschen und trockentupfen. Alle vorbereiteten Zutaten abwechselnd auf die Spieße stecken.

2 Die Buttermilch mit Salz, Pfeffer und den leicht angedrückten Wacholderbeeren würzen. Schaschlikspieße in die Marinade legen und darin mindestens 5 Std. ziehen lassen.

3 Den Grillrost mit Alufolie auslegen, einölen. Spieße daraufgeben, mit ca. 10 cm Abstand zur Glut 15 – 20 Min. grillen, dabei immer wieder wenden.

AUSTAUSCH-TIPP
Erfolglos gewesen bei der Suche nach Mini-Paprikaschoten? Kein Thema. Greifen Sie dann einfach zu einer großen Schote (Farbe egal) und schneiden Sie sie in 15 – 20 Stücke. Mit den übrigen Zutaten aufspießen.

MEDITERRAN

Putenröllchen nach Art der Gärtnerin

4 dünne Putenschnitzel (à ca. 175 g)
4 Salbeiblätter
4 EL Olivenöl (+ Öl zum Bestreichen)
3 EL Zitronensaft
2 EL roter Vermouth
100 g Champignons
1 Zucchino
2 rote Paprikaschoten
200 g kleine, feste Tomaten
Salz | Pfeffer
Außerdem:
Metallspieße

Für 4 Personen
Zubereitung: 35 Min. | Grillen: 12 Min.

1 Die Schnitzel trockentupfen und mit der flachen Seite des Fleischklopfers dünner klopfen. Salbeiblätter trocken abreiben, fein schneiden und mit Olivenöl, Zitronensaft und Vermouth mischen. Schnitzel in der Marinade wenden und bis zum Grillen zugedeckt im Kühlschrank marinieren.

2 Das Gemüse waschen und putzen, die Pilze nur trocken säubern. Zucchino in Scheiben, Paprikas in Stücke schneiden, Tomaten halbieren. Metallspieße ölen. Die Schnitzel abtropfen lassen und von der schmalen Seite her fest aufrollen. In 2 – 3 cm dicke Scheiben schneiden und abwechselnd mit dem Gemüse auf die Spieße stecken. Salzen, pfeffern und mit Öl bestreichen.

3 Die Spieße auf dem heißen, geölten Rost bei starker Hitze 10 – 12 Min. grillen, dabei öfter wenden und mit Marinade und Öl bestreichen (wichtig, damit das Fleisch nicht trocken wird!), bis alles schön gebräunt ist.

Kaninchen mit Honig

1 küchenfertiges Kaninchen (ca. 1,2 kg)
Salz
Pfeffer
2 EL Honig
2 EL Zitronensaft
3 EL Olivenöl (+ Öl für den Rost)
1 Knoblauchzehe
2 Zweige Rosmarin

Für 4 Personen
Zubereitung: 10 Min. | Grillen: 45 Min.

1 Das Kaninchen aufklappen und flach drücken (z. B. mit einem Fleischklopfer). Rundum salzen und pfeffern. Honig mit Zitronensaft und Olivenöl verrühren. Den Knoblauch schälen und dazupressen. Rosmarin waschen, trockenschütteln. Die Nadeln von 1 Zweig abzupfen und fein hacken, unter die Honigmischung rühren. Mit Salz und Pfeffer würzen. Mit dem anderen Rosmarinzweig etwas Marinade auf das Kaninchen streichen.

2 Den Grillrost heiß werden lassen und ölen. Das Kaninchen auf den Grillrost legen und bei mittlerer Hitze in 35 – 45 Min. rundum gut braun grillen, dabei ab und zu wenden und mithilfe des Rosmarinzweigs mit der restlichen Marinade bestreichen. Für die Garprobe mit einer Rouladennadel in ein dickes Fleischstück stechen – wenn klarer Fleischsaft austritt, ist das Kaninchen gar. Auf einer Servierplatte auftragen und am Tisch zerlegen.

VARIANTE
Funktioniert auch mit einem großen, fleischigen Brathähnchen. Auf der Brustseite aufschneiden und kräftig flach drücken.

links: Putenröllchen nach Art der Gärtnerin | rechts: Kaninchen mit Honig

AUS MEXIKO

Aloe-Limetten-Putensteaks mit Physalis-Salsa

Aloe vera ist total im Trend. Es schmeckt leicht säuerlich-gemüsig. Wenn Sie keinen Aloe-Vera-Saft bekommen, nehmen Sie trockenen Weißwein.

8 kleine Putensteaks (à ca. 75 g, ersatzweise 4 Putenschnitzel)
2 Bio-Limetten
75 ml reiner Aloe-Vera-Saft (Bioladen, Reformhaus)
1 grüne Chilischote
500 g schnittfeste Tomaten
100 g Physalis (Kapstachelbeeren)
2 Frühlingszwiebeln
1 rote Chilischote
2 Knoblauchzehen
1 TL Zucker
4 EL Olivenöl
Salz | Pfeffer
Tabascosauce
2 Zweige Minze
Außerdem:
Öl zum Bestreichen

Für 4 Personen
Zubereitung: 45 Min. | Marinieren: 4 Std.
Grillen: 15 Min.

1 Die Putensteaks mit Küchenpapier trockentupfen (Schnitzel quer halbieren) und leicht flach klopfen. Die Limetten heiß waschen und ca. 1 TL Schale abreiben. Die Limetten auspressen. Schale und die Hälfte des Safts mit dem Aloe-Vera-Saft mischen. Die grüne Chili waschen, in Stücke schneiden und durch eine stabile Knoblauchpresse dazudrücken (Bild 1).

2 Die Marinade über die Putensteaks gießen, zugedeckt 3 – 4 Std. im Kühlschrank ziehen lassen, ab und zu die Steaks umdrehen.

3 Für die Salsa die Tomaten kurz mit kochendem Wasser überbrühen, häuten und ohne Stielansätze sehr klein würfeln. Die Physalis aus den Hüllen pellen (Bild 2), waschen, trockentupfen und klein schneiden. Die Frühlingszwiebeln waschen, putzen und klein hacken. Die rote Chili waschen, längs halbieren und mit einem Messer die Trennhäute samt Kernen herausschaben (Bild 3), die Schote ohne Stielansätze sehr klein würfeln. Alles mischen. Den Knoblauch schälen und dazupressen. Mit dem restlichen Limettensaft, Zucker und Olivenöl mischen, mit Salz, Pfeffer und Tabasco pikant würzen.

4 Die Minze waschen, trockenschütteln. Die Blättchen abzupfen und in feine Streifen schneiden, unter die Salsa mischen. Zugedeckt im Kühlschrank bis zum Servieren ziehen lassen.

5 Die Putensteaks aus der Marinade heben und gut trockentupfen. Mit Salz und Pfeffer würzen und mit etwas Öl bestreichen. Den Grillrost heiß werden lassen, ölen und die Putensteaks bei mittlerer Hitze pro Seite 4 – 5 Min. rösten. Hoch über der Glut noch 5 Min. nachziehen lassen. Die Putensteaks mit der kalten Physalis-Salsa und Weißbrot servieren.

2

3

AUF DEM WEG ZUM KLASSIKER

Marinierte Entenbrust mit Balsamico

2 Knoblauchzehen
1 getrocknete Chilischote
1 EL Olivenöl
200 ml Aceto balsamico
2 TL Honig
Salz
Pfeffer
2 große Entenbrustfilets (à ca. 350 g)

Für 4 Personen
Zubereitung: 25 Min. | Marinieren: 24 Std.
Grillen: 15 Min.

1 Knoblauch schälen und fein hacken, die Chilischote fein zerkrümeln. Das Öl in einem Topf leicht erwärmen, den Knoblauch darin glasig dünsten, aber nicht braun werden lassen.

Dann die Chili zum Knoblauch rühren. Balsamico angießen, Honig unterrühren und alles in etwa 10 Min. bei mittlerer Hitze leicht dicklich einkochen lassen. Mit Salz und Pfeffer abschmecken.

2 Die Fettschicht der Entenbrustfilets kreuzweise einschneiden, aber nur so tief, dass das Fleisch selbst nicht verletzt wird. Die Entenbrüste gut mit der Marinade einstreichen, auf eine Platte legen und abgedeckt in den Kühlschrank stellen. Dort 12 – 24 Stunden marinieren lassen.

3 Entenbrüste abtropfen lassen, mit der Hautseite nach unten auf den Gillrost legen (etwa 10 cm Abstand zur Glut) und etwa 15 Min. grillen, dabei ab und zu umdrehen und nach rund der Hälfte der Zeit immer mal wieder mit der Marinade einpinseln.

4 Die Entenbrustfilets in Alufolie wickeln und etwa 5 Min. ruhen lassen, dann in dünne Scheiben schneiden und auf einer vorgewärmten Platte auf den Tisch stellen. Dazu gibt es knuspriges Weißbrot und einen Salat, z. B. Rucola mit Tomaten und Staudensellerie.

AUS VIETNAM

Entenbrust mit Limetten

2 große Entenbrustfilets (à 350 g)
3 Bio-Limetten
4 Frühlingszwiebeln
2 kleine rote Thai-Chilischoten
30 g frischer Ingwer
3 EL helle Sojasauce
1 TL brauner Rohrzucker
Salz
Pfeffer
Außerdem:
Öl zum Bestreichen

Für 4 Personen
Zubereitung: 30 Min. | Marinieren: 6 Std.
Grillen: 30 Min.

1 Die Entenbrust trockentupfen und die Haut mit einer Rouladennadel im Abstand von 1 cm einstechen. Die Limetten heiß waschen und abtrocknen, von 1 Limette die Schale fein abreiben und diese Limette auspressen.

2 Frühlingszwiebeln waschen, putzen und die hellen Abschnitte sehr fein hacken. Chilis putzen und samt Kernen fein hacken. Ingwer schälen und reiben. Zwiebeln, Chilis, Limettensaft und -schale, Ingwer, Sojasauce und Zucker mischen, mit Salz und Pfeffer abschmecken. Die Entenbrüste ringsum mit Marinade bestreichen, zugedeckt im Kühlschrank ca. 6 Std. marinieren.

3 Die Entenbrüste abtropfen lassen, dabei die Marinade auffangen. Die Filets gut trockentupfen und auf beiden Seiten mit Öl bestreichen. Den Grillrost heiß werden lassen, ölen und die Entenbrüste erst auf der Fleisch-, dann auf der Hautseite in je 8 – 12 Min. schön knusprig grillen, dabei mit Marinade bestreichen. Hoch über der Glut noch 5 Min. ziehen lassen. Die übrigen Limetten vierteln. Entenbrüste aufschneiden und mit den Vierteln servieren.

AUS DEM WASSER

Gut möglich, dass Garnele,
Lachs, Thunfisch & Co.
dem Würstchen und dem Steak
bald die vorderen Plätze
in der Gunst der Grillfans
streitig machen.

ZART & SAFTIG

Fenchel-Lachs mit Senf

1 getrocknete Chilischote
2 TL grobes Meersalz
4 TL Fenchelsamen
4 EL Dijon-Senf mit Honig
6 EL Walnuss- oder Mandelöl (ersatzweise Olivenöl)
4 Lachsfilets (à ca. 250 g, mit Haut, möglichst aus dem Mittelstück)
Außerdem:
Alufolie und Öl zum Grillen

Für 4 Personen
Zubereitung: 15 Min. | Marinieren: 30 Min.
Grillen: 15 Min.

1 Die Chilischote zerbröseln und im Mörser mit dem Salz fein zerreiben. Die Fenchelsamen dazugeben und kurz mitmörsern. Alles mit Senf und Öl zu einer cremigen Sauce verschlagen.

2 Die Haut der Lachsfilets unter fließendem Wasser mit dem Messerrücken schuppen, Filets waschen und trockentupfen. Mit der Sauce bestreichen, abdecken und 30 Min. kühl stellen und ziehen lassen.

3 Den Grillrost mit Alufolie auslegen und einölen. Die Fenchel-Lachsfilets mit der Hautseite nach unten darauflegen und mit etwa 10 cm Abstand zur Glut 10 – 15 Min. grillen, dabei einmal wenden.

AUS DER TÜRKEI

Seebarsch vom Grill

4 Seebarschfilets (à ca. 120 g)
1 Zwiebel
1 Knoblauchzehe
5 EL Olivenöl
Salz
3 Lorbeerblätter
4 Zitronenscheiben und Petersilienblätter zum Garnieren

Für 4 Personen
Zubereitung: 20 Min. | Marinieren: 30 Min.
Grillen: 3 Min.

1 Die Zwiebel und den Knoblauch schälen und in dünne Scheiben schneiden. Die Fischfilets waschen und trockentupfen.

2 Das Olivenöl und 1/2 TL Salz auf eine ovale Platte geben, die Zwiebel, den Knoblauch und die Lorbeerblätter damit mischen. Die Fischfilets in der Zwiebelmarinade wenden und zugedeckt ca. 30 Min. durchziehen lassen, dabei zwischendurch noch einmal wenden.

3 Vier lange Holzspieße in einer Schüssel mit kaltem Wasser ca. 20 Min. quellen lassen. Den Holzkohlengrill vorheizen.

4 Die Fischfilets aus der Marinade nehmen und mit Küchenpapier trockentupfen. Die Holzspieße ebenfalls trockentupfen. Je 1 Holzspieß längs durch die dicken Rückenfilets stecken.

5 Die Fischfilets auf dem Rost knapp 2 Min. grillen, wenden und in 1 Min. fertig garen. Die Filets mit je 1 Zitronenscheibe und ein paar Petersilienblättern garniert servieren.

oben: Schwertfisch mit Oliven-Mandel-Butter | unten: Thunfisch mit Nussöl und Meerrettich

Schwertfisch mit Oliven-Mandel-Butter

Für den Fisch:
1 Zwiebel
1 Knoblauchzehe
1 EL Butter
fein abgeriebene Schale und Saft von 1 Bio-Orange
4 Scheiben Schwertfisch (à ca. 200 g, 2 cm dick)
Salz | Pfeffer
Für die Oliven-Mandel-Butter:
75 g weiche Butter
75 g entsteinte grüne Oliven
2 EL gemahlene gehäutete Mandeln
Salz | Pfeffer

Für 4 Personen
Zubereitung: 10 Min. | Marinieren: 1 Std.
Grillen: 10 Min.

1 Die Zwiebel und den Knoblauch schälen und fein würfeln. Die Butter bei mittlerer Hitze zerlassen und Zwiebel, Knoblauch und die Orangenschale kurz darin andünsten. Mit Orangensaft ablöschen, pürieren und abkühlen lassen. Den Fisch mit Salz und Pfeffer würzen, mit der Marinade bestreichen und mindestens 1 Std. ziehen lassen.

2 Inzwischen für die Butter alle Zutaten pürieren. Mit Salz und Pfeffer abschmecken. Kühl stellen.

3 Die Schwertfischscheiben nebeneinander auf den Grillrost legen und mit etwa 10 cm Abstand zur Glut etwa 10 Min. grillen, dabei einmal wenden. Mit der Oliven-Mandel-Butter servieren.

Thunfisch mit Nussöl und Meerrettich

1 Stück Meerrettich (6 – 7 cm)
3 EL Zitronensaft
1 TL Zucker
Salz | Pfeffer
6 EL Nussöl (z. B. Walnuss- oder Haselnussöl)
4 Scheiben Thunfisch (à ca. 200 g, 3 cm dick)

Für 4 Personen
Zubereitung: 10 Min. | Marinieren: 5 Std.
Grillen: 4 Min.

1 Den Meerrettich schälen und etwa 2 EL davon fein abreiben. Den Rest abgedeckt beiseitelegen. Geriebenen Meerrettich mit Zitronensaft, Zucker, Salz und Pfeffer verrühren, das Öl unterschlagen.

2 Den Thunfisch trockentupfen, in der Marinade wenden und mindestens 5 Std. darin ziehen lassen.

3 Die Thunfischscheiben auf den Grillrost legen. Mit etwa 10 cm Abstand zur Glut etwa 4 Min. grillen, so dass innen noch ein roher Kern bleibt, dabei einmal wenden. Den restlichen Meerrettich nach Geschmack darüberreiben und servieren.

EXTRA-TIPP
Nach dem Grillen mit dem Meerrettich noch gehackte, geröstete Wal- oder Haselnüsse darübergeben.

GUT ZU WISSEN – DIE GARZEIT MACHT'S
Nur wenn man den Thunfisch rare grillt, also mit rohem Kern, bleibt das Fischfleisch herrlich saftig. Allerdings ist das nicht jedermanns Sache. Wer den Thunfisch gerne völlig durchgegart essen möchte, lässt die Scheiben 3 – 4 Min. länger auf dem Rost.

links: Kräuter-Knoblauch-Sardinen | rechts: Zitronen-Forellen mit Kapern

MEDITERRAN

Kräuter-Knoblauch-Sardinen

750 g Sardinen
1 Bund Petersilie
je 4 Zweige Thymian und Rosmarin
1 kleines Bund Basilikum
4 Knoblauchzehen
10 EL Olivenöl
(Meer-)Salz
Pfeffer
1 große Zitrone
Alufolie zum Grillen

Für 4 Personen
Zubereitung: 20 Min. | Marinieren: 1 Std.
Grillen: 5 Min.

1 Die Sardinen waschen, dabei die Schuppen vom Schwanz zum Kopf hin abreiben, falls nötig mit dem Messerrücken abschaben. Die Köpfe abschneiden und die Bauchhöhlen aufschlitzen. Bauchhöhlen gründlich auswaschen, die Fische trockentupfen.

2 Die Kräuter waschen und trockenschütteln, den Knoblauch schälen. Beides fein hacken und mit Olivenöl, Salz und Pfeffer vermischen. Die Sardellen gut in der Kräuter-Öl-Mischung wenden und 1 Std. marinieren.

3 Grillrost mit Alufolie auslegen. Sardinen daraufgeben und mit etwa 10 cm Abstand zur Glut etwa 5 Min. grillen, dabei einmal wenden. Die Zitrone in Spalten schneiden und mit den Sardinen servieren.

KNUSPER-TIPP

Verleiht den Sardinen eine schöne Kruste: 2 EL Toastbrotbrösel, Semmelbrösel, gemahlene Mandeln oder Haselnüsse mit den Kräutern und dem Öl vermischen.

Zitronen-Forellen mit Kapern

2 große Bio-Zitronen
2 EL Meersalz
8 Stängel Petersilie
4 küchenfertige Forellen (à ca. 300 g)
Pfeffer
4 EL Kapern
Grillkörbe und Olivenöl zum Grillen

Für 4 Personen
Zubereitung: 20 Min. | Grillen: 10 Min.

1 Die Zitronen heiß waschen, von 1 Zitrone die Schale fein abreiben und den Saft auspressen. Die zweite Zitrone in dünne Scheiben schneiden, 4 Scheiben jeweils halbieren. Die Zitronenschale gründlich mit dem Meersalz vermischen. Die Petersilie waschen und trockenschütteln.

2 Die Forellen waschen und trockentupfen, auf einer Seite mehrmals mit etwa 2 cm Abstand schräg einschneiden. Die Fische innen und außen mit dem Zitronensaft beträufeln und pfeffern.

3 Die Bauchhöhlen der Forellen mit jeweils 1 EL Kapern, 2 Zitronenscheibenhälften und 2 Petersilienstängeln füllen. Außen mit dem Zitronen-Meersalz einreiben. Vier Grillkörbe gründlich einölen und die Fische darin einspannen, dabei die ganzen Zitronenscheiben auf die Forellen legen.

4 Die Grillkörbe auf den Grillrost legen und die Forellen mit etwa 10 cm Abstand zur Glut etwa 10 Min. grillen, dabei einmal wenden.

Lachskoteletts mit Ananasgemüse

4 große Lachskoteletts (à ca. 250 g)
1 Bio-Zitrone
1 Dose ungesüßte Ananasstücke (250 g Abtropfgewicht)
2 Schalotten
3 Knoblauchzehen
30 g Ingwer
3 kleine rote Thai-Chilischoten
3 EL Öl (+ Öl zum Bestreichen)
5 Pimentkörner
3 Gewürznelken
2 Zimtstangen
1 TL Currypulver, mittelscharf
Salz
Pfeffer

Für 4 Personen
Zubereitung: 45 Min. | Grillen: 8 Min.

1 Lachskoteletts trockentupfen. Zitrone waschen, abtrocknen und ca. 1 TL Schale abreiben. Die Zitrone auspressen. Lachskoteletts mit Zitronenschale und Saft würzen, zugedeckt bis zum Grillen in den Kühlschrank stellen.

2 Die Ananasstücke abtropfen lassen, den Saft auffangen. Schalotten, Knoblauch und Ingwer schälen, Chilis waschen und putzen, alles fein hacken. 3 EL Öl erhitzen, gehackte Würzmischung mit Pimentkörnern, Nelken und Zimtstangen kurz anbraten. Curry darüberstreuen, ca. 100 ml Ananassaft angießen, offen 5 Min. kochen lassen. Die Ananasstücke zugeben, salzen und pfeffern, bei schwacher Hitze noch 5 Min. zugedeckt ziehen lassen.

3 Lachskoteletts trockentupfen, mit Salz und Pfeffer würzen und mit Öl bestreichen. Auf dem heißen, gut geölten Grillrost bei starker Hitze pro Seite 3 – 4 Min. grillen. Mit dem pikanten Ananasgemüse servieren.

Scharf-würzige Fischspieße

400 g festes Fischfilet (Blauleng, Catfish oder Seelachs)
200 g Riesengarnelen (geschält)
2 EL Limettensaft
2 EL Erdnussöl (+ Öl zum Bestreichen)
2 Knoblauchzehen
2 kleine rote Thai-Chilischoten
2 Stängel Zitronengras (ersatzweise 8 Holzspießchen)
1 feste Mango
Salz
Pfeffer
Limettenviertel

Für 4 Personen
Zubereitung: 40 Min. | Marinieren: 30 Min.
Grillen: 10 Min.

1 Das Fischfilet trockentupfen, in Würfel schneiden. Die Garnelen kurz abspülen, trocknen und mit dem Fisch in eine Schüssel geben, Limettensaft und Öl darüberträufeln. Den Knoblauch schälen. Die Chilis waschen, putzen und entkernen. Beides sehr fein hacken und vorsichtig unter den Fisch und die Garnelen mischen.

2 Das Zitronengras waschen, Enden anspitzen, die Stängel längs vierteln und mit etwas Öl bestreichen (oder die Holzspießchen ölen). Mango schälen, das Fruchtfleisch vom Stein schneiden und würfeln. Fisch, Garnelen und Mango abwechselnd auf das Zitronengras stecken. Abgedeckt ca. 30 Min. im Kühlschrank marinieren.

3 Die Spieße abtropfen lassen, dabei die Marinade auffangen. Den Grillrost (oder den Elektrogrill) heiß werden lassen, ölen und die Spieße bei mittlerer Hitze ca. 10 Min. rundum grillen, dabei mit der Marinade bestreichen. Salzen und pfeffern, mit Limettenvierteln servieren.

oben: Lachskoteletts mit Ananasgemüse | unten:Scharf-würzige Fischspieße

EXOTISCH

Garnelen-spieße

20 ungeschälte rohe Riesengarnelen (700 g) | 12 große Frühlingszwiebeln | 24 Kirschtomaten | 5 EL Zitronensaft | Salz | Pfeffer | 4 EL Olivenöl | 12 lange Holzspieße | Alu-Grillschale

Für 4 Personen
Zubereitung: 20 Min. | Grillen: 20 Min.

1 Garnelen schälen, vom Darm befreien, waschen und trockentupfen. Frühlingszwiebeln waschen, putzen und das dunkle Grün entfernen, Zwiebeln in Stücke schneiden. Die Tomaten waschen. Alles abwechselnd auf die Spieße stecken. Mit Zitronensaft beträufeln, salzen und pfeffern.

2 Den Grillrost mit einer Alu-Grillschale auslegen. Die Spieße daraufgeben und mit etwa 10 cm Abstand zur Glut 15 – 20 Min. grillen, dabei immer wieder wenden und mit dem Öl beträufeln.

Mini-Tintenfisch-Spieße

700 g Mini-Tintenfische | 400 g milde, kleine rote oder grüne Chilischoten (Ersatz: Paprikaschoten in Stücken) | 2 große Bund Petersilie | 2 Knobauchzehen | fein abgeriebene Schale und 4 EL Saft von 1 Bio-Zitrone | Salz | Pfeffer | 10 EL Olivenöl | 8 lange Holzspieße | Alu-Grillschale

Für 4 Personen
Zubereitung: 15 Min. | Marinieren: 5 Std.
Grillen: 35 Min.

1 Die Tintenfische waschen und trockentupfen, Chilis waschen. Beides abwechselnd auf die Spieße stecken. Petersilie waschen und trockenschütteln, Knoblauch schälen, beides grob hacken. Mit Zitronenschale und -saft, Salz, Pfeffer und Öl verrühren. Die Spieße darin 5 Std. marinieren.

2 Grillrost mit einer Alu-Grillschale belegen. Spieße daraufgeben und mit etwa 10 cm Abstand zur Glut 30 – 35 Min. grillen, dabei immer wieder wenden.

FÜR BESONDERE ANLÄSSE

Safran-Jakobsmuscheln

1 Zwiebel | 1 Döschen Safranpulver (0,1 g) | 2 EL Butter | 200 ml Fischfond | 50 ml weißer Portwein (ersatzweise Fischfond) | 2 kleine Zucchini | 16 ausgelöste Jakobsmuscheln (ca. 600 g, ohne Corail) | Salz | Pfeffer | 4 lange Holzspieße

Für 4 Personen
Zubereitung: 20 Min. | Grillen: 15 Min.

1 Zwiebel schälen, fein würfeln, mit Safran in der zerlassenen Butter andünsten. Fond und Wein angießen, etwa 12 Min. bei starker Hitze einkochen lassen. Zucchini waschen, längs in sehr dünne Scheiben schneiden. Mit Muscheln ziehharmonikaartig auf Spieße stecken, salzen, pfeffern. Sauce pürieren, salzen und pfeffern, warm halten.

2 Spieße auf den Rost legen und mit etwa 10 cm Abstand zur Glut 10 – 15 Min. grillen, dabei immer wieder wenden. Mit der Sauce servieren.

Seeteufel-Papaya-Spieße

700 g Seeteufel | 800 g Papaya | 4 rote Zwiebeln | 6 EL Limettensaft | 1 TL gemahlener Kreuzkümmel | Salz | Pfeffer | 4 EL Olivenöl | 8 lange Holzspieße | Alufolie

Für 4 Personen
Zubereitung: 15 Min. | Grillen: 15 Min.

1 Seeteufel trockentupfen und etwa 3 cm groß würfeln. Papaya entkernen, schälen und ebenso groß würfeln oder in Spalten schneiden. Die Zwiebeln schälen und in dünne Spalten schneiden. Alles abwechselnd auf die Spieße stecken. Mit Limettensaft beträufeln, mit Kreuzkümmel, Salz und Pfeffer würzen.

2 Den Grillrost mit Alufolie auslegen. Die Spieße daraufgeben und mit etwa 10 cm Abstand zur Glut 10 – 15 Min. grillen, dabei immer wieder wenden und mit dem Öl beträufeln.

AUS DER KARIBIK

Forellen auf Cajun-Art

4 küchenfertige Forellen (à ca. 350 g)
Salz
4 EL Olivenöl
½ TL rosenscharfes Paprikapulver
1 Bund Frühlingszwiebeln
2 Knoblauchzehen
4 EL Butter
100 g Mandelstifte
2 EL Zitronensaft
2 TL Worcestersauce
½ TL Tabascosauce
Außerdem:
Öl zum Bestreichen

Für 4 Personen
Zubereitung: 20 Min. | Grillen: 20 Min.

1 Die Forellen kurz unter kaltem Wasser abspülen, mit Küchenpapier trockentupfen, innen salzen. Die Haut auf beiden Seiten zweimal über Kreuz bis auf die Gräten einschneiden. Olivenöl mit Paprika und etwas Salz verrühren, die Forellen damit rundum bestreichen, abgedeckt kühl stellen.

2 Die Frühlingszwiebeln waschen, putzen und die hellen Teile in feine Scheiben schneiden (das Grün anderweitig verwenden). Den Knoblauch schälen und klein hacken. In einem Topf die Butter aufschäumen lassen, die Mandelstifte darin hellbraun anbraten. Frühlingszwiebeln und Knoblauch zugeben und unter Rühren 3 Min. braten. Den Topf vom Herd nehmen, Zitronensaft und Worcestersauce unterrühren, mit Tabasco und Salz abschmecken.

3 Die Forellen (am besten in gut geölten Fischgrillkörben) bei mittlerer bis starker Hitze pro Seite 8 – 10 Min. grillen, bis sie knusprig sind. Anrichten und mit der Mandelmischung übergießen.

Red Snapper vom Grill

2 küchenfertige Red Snapper (à ca. 500 g, ersatzweise Doraden)
1 Bund Koriandergrün
1 große Bio-Orange
4 EL Hot-Chili-Sauce (S. 108)
4 EL Erdnussöl
3 EL Limettensaft
2 TL Worcestersauce
2 Knoblauchzehen
Salz | Pfeffer
½ TL gemahlener Kreuzkümmel
1 Prise Cayennepfeffer
Außerdem:
Öl zum Bestreichen

Für 4 Personen
Zubereitung: 25 Min. | Grillen: 20 Min.

1 Die Fische kurz abspülen, trockentupfen und die Flossen abschneiden. Die Haut mehrmals bis zu den Gräten einschneiden. Koriandergrün waschen, trockenschütteln und die Hälfte der Stängel in die Fische legen.

2 Orange heiß waschen und 1 TL Schale abreiben. Saft auspressen, mit der Schale, Chili Sauce, Erdnussöl, Limettensaft und Worcestersauce verrühren. Knoblauch schälen und dazupressen, mit Salz, Pfeffer, Kreuzkümmel und Cayennepfeffer würzen. Die Fische rundum mit etwas Marinade bestreichen, abgedeckt kühl stellen.

3 Die Fische am besten in gut geölte Fischgrillkörbe packen oder auf den gut geölten Rost legen. Bei mittlerer bis starker Hitze pro Seite in 7 – 10 Min. gut bräunen, ab und zu mit etwas Marinade bestreichen. Vom übrigen Koriandergrün die Blättchen abzupfen und über die Fische streuen. Restliche Marinade dazu servieren.

links: Forellen auf Cajun-Art | rechts: Red Snapper vom Grill

RAUCHIG-WÜRZIG

Geräucherte Asia-Saiblinge

Extra-Raffinesse erhalten die Fische im würzigen Rauch, der sich im geschlossenen Grill fängt. Aber auch nur über Glut gegrillt sind sie köstlich.

Für die Saiblinge:
8 Kaffir-Limettenblätter
2 Knoblauchzehen
1 Stück Ingwer (ca. 4 cm)
1 Bund Koriandergrün
4 küchenfertige Saiblinge (à ca. 350 g, ersatzweise Makrelen oder Forellen)
Saft von 2 Limetten
3 EL Ketjap manis (süße Sojasauce)
2 EL dunkle Sojasauce
Salz
Sesamöl zum Grillen
Für das Rauchgut:
3 große Handvoll Kaffir-Limettenblätter
4 Stangen Zitronengras

Für 4 Personen
Zubereitung: 25 Min. | Grillen: 15 Min.

1 Für die Saiblinge Limettenblätter waschen und in feine Streifen schneiden. Knoblauch und Ingwer schälen und in dünne Scheiben schneiden. Den Koriander abbrausen und trockenschütteln.

2 Saiblinge waschen und trockentupfen. Bauchhöhlen mit den Limettenblätterstreifen, Knoblauch- und Ingwerscheiben und je 1–2 Stängeln Koriander füllen (Bild 1). Restlichen Koriander grob hacken.

3 Limettensaft mit Ketjap manis und Sojasauce verrühren, eventuell salzen. Etwas von der Sauce in die Bauchhöhlen träufeln, die Fische mit der restlichen Sauce rundum einpinseln. Für das Rauchgut Limettenblätter und Zitronengras grob hacken.

4 Den Grillrost einölen und die Fische darauflegen. Das Rauchgut auf die glühenden Kohlen streuen. Den Grillrost auflegen und die Saiblinge mit etwa 10 cm Abstand zur Glut 12–15 Min. grillen. Dabei den Grill gut mit dem Deckel verschließen (Bild 2), sodass sich ausreichend Hitze, die das Wenden unnötig macht, und Rauch fürs Aroma entwickeln können.

5 Die Fische vorsichtig auf eine Platte legen, mit dem gehackten Koriander bestreuen und servieren.

GUT ZU WISSEN – RÄUCHER-FINESSEN

Erst wenn die Kohlen mit weißer Asche überzogen und grillbereit sind, mit dem Garen und Räuchern beginnen. Das Rauchgut gleichmäßig über die Kohlen streuen und los geht's. Wenn Sie es vorher etwa 30 Min. in Wasser einweichen, entwickelt sich mehr Rauch. Dann die Fische (geht auch mit Fleisch- und Geflügelstücken) mit ausreichend Abstand auf den Rost legen, sodass sie nicht zusammenkleben und wirklich rundum Rauch abbekommen. Damit sich dieser voll entfalten und ins Grillgut eindringen kann, unbedingt den Deckel ganz schließen (die integrierten Luftzüge in den Grills sorgen dabei dafür, dass die Glut nicht ausgeht).

Übrigens: Es gibt auch fertige Räuchermehle oder -späne in den unterschiedlichsten »Geschmacksrichtungen« zu kaufen (Anglerfachgeschäfte, Internet). Feine Alternativen sind z. B. Teeblätter oder getrocknete Kräuter. Und: Je schwächer die Glut ist, desto länger kann geräuchert werden.

2

AUS DER TÜRKEI

Türkische Zwiebel-Makrelen

4 küchenfertige Makrelen (à ca. 250 g)
2 EL Zitronensaft
Salz
Pfeffer
2 milde weiße Zwiebeln
1 Bund Petersilie
2 TL türkische Paprikaflocken (Pul biber)
Außerdem:
Öl zum Bestreichen
Zitronenviertel zum Anrichten

Für 4 Personen
Zubereitung: 30 Min. | Marinieren: 30 Min.
Grillen: 20 Min.

1 Die Makrelen unter fließendem Wasser waschen, dabei dunkle Stellen in der Bauchhöhle abschaben. Mit Küchenpapier innen und außen trocknen. Die Fische auf den Seiten mehrmals bis zu den Gräten einschneiden, innen und außen mit Zitronensaft, Salz und Pfeffer würzen.

2 Die Zwiebeln schälen und in ganz dünne Ringe schneiden. Die Petersilie waschen, trockenschütteln, die Hälfte beiseitelegen, vom Rest die Blättchen abzupfen und fein hacken. Die Zwiebeln mit gehackter Petersilie, etwas Salz und den Paprikaflocken kräftig durchkneten. Die Fische mit der Zwiebelmischung füllen und im Kühlschrank 30 Min. ruhen lassen.

3 Den Grillrost heiß werden lassen und gut ölen. Makrelen rundum mit etwas Öl bestreichen und bei mittlerer Hitze pro Seite in 8 – 10 Min. braun und knusprig grillen (oder im Elektrogrill garen), dabei ab und zu mit Öl bestreichen. Heiß auf Teller verteilen, mit Petersilie und Zitronenvierteln garnieren.

Garnelen mit Paprika-Graupen

500 g ungeschälte rohe Riesengarnelen
2 rote Paprikaschoten
2 Knoblauchzehen
2 EL Olivenöl
200 g Perlgraupen
500 ml Gemüsebrühe
Salz | Pfeffer
2 EL Weißweinessig
1 EL gehackte Petersilie
Außerdem:
Öl zum Bestreichen

Für 4 Personen
Zubereitung: 45 Min. | Grillen: 10 Min.

1 Die Garnelen kalt abspülen (tiefgekühlte im Kühlschrank auftauen lassen). Die Paprikaschoten waschen, putzen und ganz klein würfeln. Den Knoblauch schälen und fein hacken.

2 In einem Topf das Öl erhitzen, Knoblauch kurz andünsten. Graupen und Paprika einrühren. Die Brühe angießen, aufkochen und bei schwacher Hitze ca. 15 Min. köcheln lassen. Die Graupen abseits vom Herd noch 15 Min. ausquellen lassen.

3 Die Garnelen mit Öl bestreichen und auf dem heißen Rost (oder in einer Grillpfanne) bei mittlerer Hitze ca. 5 Min. pro Seite grillen, bis die Schalen rot sind. Mit Salz und Pfeffer würzen. Die Paprikagraupen mit Essig, Salz, Pfeffer und Petersilie würzen, die Garnelen darauf anrichten und servieren.

BESONDERS CLEVER!

Geschälte Garnelen auf längs geviertelte Zitronengrasstängel spießen.

links: Türkische Zwiebel-Makrelen | rechts: Garnelen mit Paprika-Graupen

VEGETARISCH

Ab sofort gibt es keinen Grillabend mehr ohne Paprika und Aubergine, Mais und Spargel. Aber auch Tofu, Schafkäse und Ananas machen sich auf dem Rost vortrefflich.

links: Spargel mit Bärlauch | rechts: Chili-Vanille-Kürbis

SUPER AROMATISCH

Spargel mit Bärlauch

100 g Bärlauch (ersatzweise Basilikum oder Petersilie)
7 EL Zitronensaft
8 EL Olivenöl
3 EL Honig
Salz | Pfeffer
2 kg weißer Spargel (ca. 1 ½ cm dick, möglichst gerade Stangen)
Außerdem:
Alu-Grillschale

Für 4 Personen
Zubereitung: 20 Min. | Marinieren: 5 Std.
Grillen: 30 Min.

1 Den Bärlauch waschen und trockenschleudern, die Stängel abknipsen. Bärlauch grob schneiden und mit Zitronensaft, Olivenöl und Honig mit dem Stabmixer pürieren. Die Marinade mit Salz und Pfeffer würzen.

2 Die Spargelstangen schälen und die holzigen Enden abschneiden. Den Spargel mit der Marinade vermischen und mindestens 5 Std. ziehen lassen.

3 Den Grillrost mit einer Alu-Grillschale belegen. Spargelstangen darauf geben und mit etwa 10 cm Abstand zur Glut in etwa 30 Min. bissfest grillen, dabei immer wieder wenden.

AUSTAUSCH-TIPP

Genauso lecker schmeckt statt des weißen auch grüner Spargel. Diesen nur waschen und von holzigen Enden befreien, dann marinieren. Da grüner Spargel meist dünner ist als weißer, verringert sich die Grillzeit auf 15 – 20 Min. Ganz dünne Stangen können auch schon nach 10 Min. knackig gegart sein.

Chili-Vanille-Kürbis

2 rote Chilischoten
1 Vanilleschote
¼ l Weißwein (ersatzweise Gemüsebrühe)
80 ml Aceto balsamico bianco
2 EL Zucker oder Honig
1 Stück Kürbis (ca. 1 ½ kg, z. B. Muskatkürbis)
Salz
Außerdem:
Alufolie und Olivenöl zum Grillen

Für 4 Personen
Zubereitung: 15 Min. | Marinieren: 5 Std.
Grillen: 25 Min.

1 Die Chilischoten waschen, entstielen und in feine Ringe schneiden. (Wer den Kürbis später nicht ganz so scharf haben möchte, entfernt zudem die weißen Kernchen.) Die Vanilleschote der Länge nach aufschlitzen und das Mark herauskratzen.

2 Chilis mit Vanilleschote und -mark, Wein, Essig und Zucker oder Honig in einen großen Topf (der Kürbis muss darin Platz haben) geben und bei starker Hitze etwa 5 Min. kräftig kochen lassen.

3 Inzwischen den Kürbis von den Kernen samt dem faserigen Fruchtfleisch befreien. Den Kürbis in knapp 2 cm dicke Spalten schneiden und schälen. Marinade mit Salz würzen, die Kürbisspalten einlegen und 1 – 2 Min. darin kochen lassen. Dann mindestens 5 Std. im Sud ziehen lassen.

4 Den Grillrost mit Alufolie auslegen und einölen. Die Kürbisspalten darauflegen und mit etwa 10 cm Abstand zur Glut 20 – 25 Min. grillen, dabei immer wieder wenden.

AUS AUSTRALIEN

Grillgemüse mit Mangos

2 Auberginen (à ca. 350 g)
500 g kleine Zucchini
Salz
2 feste Mangos
5 EL Zitronensaft
100 ml Olivenöl (+ Öl für den Grillrost)
je 1 Msp. getrockneter Majoran, Thymian, gemahlener Koriander, Pfeffer und Cayennepfeffer
1 Bund Petersilie

Für 4 Personen
Zubereitung: ca. 25 Min. | Grillen: 20 Min.

1 Auberginen und Zucchini waschen und putzen. Die Auberginen quer, die Zucchini längs in dicke Scheiben schneiden. Die Scheiben etwas salzen.

2 Die Mangos waschen und das Fruchtfleisch am Kern entlang in je 2 Hälften abschneiden. Die Schnittflächen mit ein wenig Zitronensaft bestreichen. Das Olivenöl mit dem übrigen Zitronensaft, den Kräutern, Gewürzen und 1 kräftigen Prise Salz verquirlen. Das Gemüse mit etwas Würzöl bestreichen.

3 Die Petersilie waschen, trockenschütteln und die Blättchen fein hacken. Den Grillrost (oder eine Grillpfanne) heiß werden lassen, ölen und die Gemüsescheiben bei mittlerer Hitze pro Seite in ca. 10 Min. gut braun grillen. Beim Wenden die Mangos mit den Schnittflächen auf den Rost legen und nur einseitig grillen. Das Gemüse ab und zu mit Würzöl bestreichen.

4 Die Petersilie unter das restliche Grillöl mischen. Gemüse und Mangos anrichten und der Petersiliensauce beträufeln.

AUCH ALS BEILAGE

Gemüsespieße mit Kartoffel-Wedges

500 g kleine festkochende Kartoffeln
Salz
150 g mittelgroße Champignons
je 1 rote und grüne Paprikaschote
4 weiße Zwiebeln
6 EL Olivenöl
2 Knoblauchzehen
1 getrocknete Chilischote
½ TL getrockneter Oregano
¼ TL getrockneter Rosmarin
Außerdem:
eckige Metallspieße
Öl zum Bestreichen
Zitronenachtel zum Garnieren

Für 4 Personen
Zubereitung: 45 Min. | Grillen: 25 Min.

1 Die Kartoffeln waschen und ungeschält in Salzwasser 10 Min. kochen. Abgießen und abkühlen lassen. Pilze mit Küchenpapier säubern und putzen. Paprika waschen, putzen und in Stücke schneiden. Zwiebeln schälen und vierteln.

2 Öl in ein Schüsselchen geben, Knoblauch schälen und dazupressen. Chili zerbröseln, mit Kräutern und etwas Salz im Mörser zerreiben, unter das Öl mischen. Spieße ölen. Kartoffeln ungeschält längs vierteln. Abwechselnd mit dem Gemüse aufspießen, dick (vor allem die Pilze) mit dem Würzöl bestreichen.

3 Den Grillrost heiß werden lassen, ölen und die Spieße bei mittlerer Hitze rundum ca. 25 Min. grillen, dabei immer wieder mit Würzöl bepinseln. Die Gemüsespieße auf einer vorgewärmten Platte anrichten und mit den Zitronenachteln garnieren.

AUS MEXIKO

Gefüllte Mais-Tamales

4 Maiskolben mit Blättern
Salz
300 ml kräftige Gemüsebrühe
2 EL Butter
150 g Maisgrieß (Polenta)
60 g geriebener Hartkäse (z. B. Parmesan)
1 Ei (Größe L)
Pfeffer
Cayennepfeffer
Außerdem:
Öl zum Bestreichen

Für 4 Personen
Zubereitung: 1 Std. | Grillen: 30 Min.

1 Die Maiskolben waschen, die Blätter dranlassen, nur die hellen Fäden vorsichtig aus dem Inneren ziehen. Die Kolben in reichlich Salzwasser aufsetzen, aufkochen und halb zugedeckt bei mittlerer Hitze 30 Min. kochen lassen, dabei die Kolben ab und zu umdrehen. Im Sud abkühlen lassen.

2 Die Brühe mit der Butter aufkochen, über den Maisgrieß gießen und 15 Min. quellen lassen. Den Käse und das Ei untermischen, die Masse mit Salz, Pfeffer und Cayennepfeffer kräftig würzen.

3 Die Maisblätter vorsichtig aufbiegen und die Kolben kurz über dem Strunk abschneiden. Die Körner mit einem scharfen Messer abtrennen und unter den Maisgrieß mischen. Die Masse wie Maiskolben formen und in die Blätter füllen. Die Blätter gut andrücken und die Spitze mit Küchengarn zubinden.

4 Grillrost heiß werden lassen und ölen. Die Tamales rundum mit Öl bestreichen und bei mittlerer Hitze auf dem Rost in ca. 30 Min. rundum braun rösten. Mit Hot-Chili-Sauce (S. 108) servieren.

SAFTIG UND KNUSPRIG

Gegrillter Tofu

200 g Tomaten
3 Knoblauchzehen
2 TL grüne Pfefferkörner (frisch oder aus dem Glas)
2 TL Tomatenmark
2 TL flüssiger Honig
1 ½ EL Sojasauce
½ EL Zitronensaft
Salz
Chilipulver (nach Geschmack)
600 g Tofu
Außerdem:
Öl für den Grillrost

Für 4 Personen
Zubereitung: 20 Min. | Marinieren: 2 Std.
Grillen: 10 Min.

1 Die Tomaten waschen und halbieren. Das Fruchtfleisch auf der Rohkostreibe (feine Seite) so in eine Schüssel reiben, dass Schalen und Stielansätze übrig bleiben. Knoblauch schälen und dazupressen. Pfefferkörner hacken und mit Tomatenmark, Honig, Sojasauce und Zitronensaft darunterrühren. Marinade mit Salz und Chili abschmecken.

2 Den Tofu in gut 1 cm dicke Scheiben schneiden, in eine Schale legen und mit Marinade begießen. Abgedeckt mindestens 2 Std. ziehen lassen.

3 Den Grillrost gut einölen. Tofu mit etwa 10 cm Abstand zur Glut auf den Rost legen und etwa 10 Min. grillen. Dabei ab und zu umdrehen und zwischendurch mit der Marinade bepinseln.

EXOTISCH

Gegrillte Zucchini mit Koriander-Melonen-Chutney

Zucchinischeiben vom Grill hauen keinen mehr vom Hocker. Mit diesem Chutney wird daraus eine echte BBQ-Offenbarung.

800 g Zucchini
2 Knoblauchzehen
1 EL Korianderkörner
1 TL Pimentkörner
Salz | Pfeffer
3 EL Öl
1 kleine Zuckermelone (ca. 900 g)
3 EL Zucker
2 EL Weißweinessig
1 EL Currypulver (siehe auch rechts)
1 Bund Koriandergrün
Außerdem:
Alu-Grillschale

Für 4 Personen
Zubereitung: 45 Min. | Kochen: 30 Min. | Grillen: 8 Min.

1 Zucchini waschen, putzen und in knapp 1 cm dicke Scheiben schneiden. Knoblauch schälen und grob hacken, mit Koriander- und Pimentkörnern sowie je 1 TL Salz und Pfeffer in einem Mörser oder einem elektrischen Blitzhacker fein zerkleinern. Die Gewürzmischung mit Öl verrühren und mit den Zucchinischeiben vermengen, zugedeckt 30 Min. marinieren.

2 Inzwischen die Melone halbieren, entkernen und in 2 cm dicke Spalten schneiden, die Schalen abschneiden. Melonenspalten quer in 5 mm dicke Scheiben schneiden. In einem Topf Zucker mit 2 EL Wasser aufkochen. Sobald der Zucker goldbraun karamellisiert, mit Essig ablöschen und bei mittlerer Hitze kochen lassen, bis sich der Zucker wieder aufgelöst hat. Die Melone und das Currypulver dazugeben, alles 30 Min. bei geringer Hitze einkochen lassen. Chutney mit Salz und Pfeffer würzen, auskühlen lassen.

3 Zucchini in der Grillschale verteilen und 6–8 Min. bei mittlerer Hitze grillen, dabei einmal wenden und mit übrigem Gewürzöl einpinseln. Koriandergrün abbrausen, trockenschütteln, hacken und unter das Chutney rühren. Zucchini auf Teller verteilen, mit Chutney servieren.

CURRYPULVER SELBST GEMACHT

Dafür 1 TL Kreuzkümmelsamen, 1 EL Korianderkörner, 2–4 getrocknete Chilischoten, 4 Nelken, 1 EL Pimentkörner, 1 TL Zimtblüten sowie die schwarzen Samen aus 4 grünen Kardamomkapseln in einer Pfanne ohne Fett 3–4 Min. rösten, bis sie duften. Dann in einer Nuss-, Getreide- oder Kaffeemühle fein mahlen. In einem Mörser geht es auch, ist aber etwas mühsamer. Jeweils ½ TL Ingwer- und Kurkumapulver unterrühren.
Tipp: Wer keine Zimtblüten findet, mischt stattdessen 1 Msp. gemahlenen Zimt unter die fertige Gewürzmischung. Kühl und dunkel lagern.

Gegrillte Auberginen mit Schafkäse

Mild-salziger Schafkäse, die Säure von Granatapfel und Hibiskusblüten, dazu die leicht pfeffrige Minze – ein Feuerwerk an Aromen!

1 kg Auberginen
Salz
3 EL Pinienkerne
1 TL Korianderkörner
½ TL Cayennepfeffer
1 EL getrocknete Hibiskusblüten (nach Belieben)
1 Zitrone
1 EL Sesampaste (Tahin)
1 TL Aprikosenkonfitüre
100 ml Rapsöl
Pfeffer
½ Granatapfel
200 g Schafkäse (Feta)
½ Bund Minze

Für 4 Personen
Zubereitung: 35 Min. | Ruhen: 2 Std. | Garen: 25 Min.
Grillen: 8 Min.

1 Die Auberginen waschen, putzen, in ca. 1 cm dicke Scheiben schneiden und in eine Schüssel geben. Die Auberginenscheiben sehr kräftig salzen, mit den Händen leicht drücken und in ca. 2 Std. Wasser ziehen lassen.

2 Die Pinienkerne in einer kleinen Pfanne ohne Fett goldbraun rösten. Die Koriandersamen dazugeben und kurz mitrösten. Die Mischung sofort aus der Pfanne nehmen und abkühlen lassen, mit Cayennepfeffer und nach Belieben mit Hibiskusblüten im Mörser oder Blitzhacker zerkleinern und leicht salzen.

3 Für das Dressing den Saft der Zitrone auspressen und mit Sesampaste, Aprikosenkonfitüre und 2 EL Wasser in ein hohes Gefäß geben. Die Mischung mit einem Pürierstab verrühren und dabei nach und nach das Öl untermixen. Das Dressing mit Salz und Pfeffer würzen.

4 Den Granatapfel quer mit einem Messer aufschneiden und die Kerne herausbrechen (Vorsicht, der Saft färbt!). Den Schafkäse grob zerbröckeln. Die Minze waschen und trockenschütteln, die Blätter abzupfen und grob zerzupfen.

5 Die Auberginenscheiben waschen, trockentupfen und bei mittlerer Hitze ca. 8 Min. grillen, dabei einmal wenden – sie sollen nicht mehr bissfest, sondern weich sein. Die Auberginenscheiben auf einer Platte anrichten. Granatapfelkerne, Schafkäse, Pinienkernmischung und Minze darüberstreuen und alles mit dem Dressing beträufeln.

BLÜTEN AUF DEM TELLER

Ob frisch oder getrocknet – essbare Blüten wie Kornblumen, Ringelblumen, Stiefmütterchen oder Gänseblümchen sind durch ihre interessanten Aromen mehr als nur eine hübsche Deko. Hibiskusblüten bringen zudem noch eine feine Säure in die Gerichte.

oben: Würzige Gemüsespieße | unten: Pilz-Allerlei vom Spieß

Würzige Gemüsespieße

16 festkochende Mini-Kartoffeln (ca. 450 g)
8 Mini-Maiskolben
2 kleine Zucchini (ca. 300 g)
16 Kirschtomaten (ca. 300 g)
3 TL Senf (am besten Dijon-Senf mit Honig)
6 EL Zitronensaft
3 EL Olivenöl
Salz | Pfeffer
Außerdem:
8 lange Holzspieße

Für 4 Personen
Zubereitung: 20 Min. | Grillen: 12 Min.

1 Die Kartoffeln waschen und bürsten, dann in kochendem Wasser etwa 10 Min. vorgaren. Übriges Gemüse waschen und putzen. Die Maiskolben quer dritteln, Zucchini in 2 cm große Würfel schneiden. Die Tomaten ganz lassen.

2 Den Senf mit Zitronensaft und Olivenöl zu einer dicklichen Sauce verrühren, mit Salz und Pfeffer würzen. Das Gemüse abwechselnd auf die Spieße stecken und mit der Sauce einpinseln.

3 Die Spieße auf den Grillrost legen und mit etwa 10 cm Abstand zur Glut etwa 12 Min. grillen, dabei immer wieder wenden.

AUSTAUSCH-TIPP

Können Sie keine Mini-Kartoffeln bekommen? Kein Problem, einfach große Knollen nehmen und in 4-cm-Würfel schneiden. Auch keine Mini-Maiskolben im Laden? Stattdessen 1 Stück Aubergine (150 g) 2 cm groß würfeln, salzen, 30 Min. ziehen lassen und trockentupfen.

Pilz-Allerlei vom Spieß

600 g gemischte Pilze (z. B. Austernpilze, Shiitake, Egerlinge, Pfifferlinge)
2 Knoblauchzehen
8 EL Olivenöl
Salz | Pfeffer
5 EL Semmelbrösel
Außerdem:
8 lange Holzspieße
Alufolie zum Grillen

Für 4 Personen
Zubereitung: 15 Min. | Grillen: 10 Min.

1 Die Pilze mit einem feuchten Küchenpapier abreiben oder mit einem Borstenpinsel von Erdresten befreien. Von den Austernpilzen nur die größeren Stiele, von den Shiitake-Pilzen alle Stiele abtrennen. Von den übrigen Pilzen nur die Stielenden abschneiden. Die Pilze je nach Größe ganz lassen, halbieren oder vierteln.

2 Pilze abwechselnd auf die Holzspieße stecken. Den Knoblauch schälen, durch die Presse drücken und mit 5 EL Olivenöl verrühren. Die Pilze damit gut einpinseln, salzen und pfeffern, dann mit den Semmelbröseln bestreuen.

3 Den Grillrost mit Alufolie auslegen und das restliche Öl daraufträufeln. Die Pilzspieße darauflegen und mit etwa 10 cm Abstand zur Glut etwa 10 Min. grillen, dabei immer wieder wenden.

AUSTAUSCH-TIPP

1 Scheibe Schwarzbrot in feine Brösel reiben, mit 2 EL fein gehackten Kräutern (z. B. Petersilie, Basilikum, Oregano) mischen und statt der fertigen Semmelbrösel auf die Pilzspieße streuen.

ALS VORSPEISE ODER BEILAGE

Knuspriger Kokos-Sesam-Tofu

450 g Räuchertofu
200 g Kokosmilch
4 EL Limettensaft
Salz
1 EL Currypulver
1 TL Kurkumapulver
1 TL gemahlener Kreuzkümmel
½ TL Cayennepfeffer
1 EL Honig
50 g Kokosraspel
50 g Sesamsamen
Außerdem:
Alufolie und Sesamöl zum Grillen

Für 4 Personen
Zubereitung: 10 Min. | Marinieren: 5 Std.
Grillen: 10 Min.

1 Den Tofu abtropfen lassen und gründlich trockentupfen. Tofu in etwa 1 cm dicke Scheiben schneiden, mit der Gabel mehrmals einstechen. Große Scheiben quer halbieren.

2 Kokosmilch mit Limettensaft, Gewürzen und Honig verrühren. Tofuscheiben in die Marinade legen und darin mindestens 5 Std. ziehen lassen. Dann die Kokosraspel und Sesamsamen in einem tiefen Teller mischen. Den Tofu aus der Marinade nehmen, in der Kokos-Sesam-Mischung wenden.

3 Den Grillrost mit Alufolie auslegen und mit Sesamöl bestreichen. Tofu darauflegen und mit etwa 10 cm Abstand zur Glut etwa 10 Min. grillen, dabei einmal vorsichtig wenden.

Maiskolben mit Kräuter-Knoblauch-Butter

Für die Maiskolben:
8 Zuckermaiskolben
1 EL Butter
1 EL Zucker
6 EL Öl zum Bestreichen
Salz
Pfeffer
Für die Kräuter-Knoblauch-Butter:
2 Knoblauchzehen
1 Bund gemischte Kräuter (z. B. Petersilie, Basilikum, Rosmarin, Thymian, Oregano)
100 g weiche Butter
Salz
Cayennepfeffer

Für 4 Personen
Zubereitung: 15 Min. | Grillen: 10 Min.

1 Für den Mais in einem großen Topf reichlich Wasser aufkochen. Maiskolben von den Blättern und Fäden befreien, waschen und nach Belieben quer halbieren. Butter und Zucker ins Wasser geben. Maiskolben darin etwa 10 Min. vorgaren.

2 Inzwischen für die Kräuter-Knoblauch-Butter Knoblauch schälen und durch die Presse drücken. Kräuter waschen, trockenschütteln und fein hacken. Mit der Butter vermengen, mit Salz und Cayennepfeffer würzen. Kühl stellen.

3 Mais abgießen und trockentupfen, dann mit Öl bestreichen und mit Salz und Pfeffer würzen. Die Maiskolben auf den Grillrost legen und mit etwa 10 cm Abstand zur Glut etwa 10 Min. grillen, dabei immer wieder wenden. Mit Kräuterbutter servieren.

oben: Knuspriger Kokos-Sesam-Tofu | unten: Maiskolben mit Kräuter-Knoblauch-Butter

SCHMECKT NACH ITALIEN

Reisküchlein mit Käse und Tomaten

1 EL Butter
100 g Langkornreis
4 getrocknete, in Öl eingelegte Tomaten
½ Bund Basilikum
80 g Provolone piccante (harter, würziger Kuhmilchkäse, ersatzweise Parmesan oder Pecorino)
4 EL Semmelbrösel
2 Eier (Größe M)
Salz | Pfeffer
Außerdem:
Alufolie und Olivenöl zum Grillen

Für 4 Personen
Zubereitung (ohne Auskühlen): 20 Min.
Kochen: 15 Min. | Grillen: 15 Min.

1 Die Butter in einem Topf zerlassen und den Reis darin bei mittlerer Hitze kurz andünsten. ¼ l Wasser dazugießen, aufkochen und den Reis im geschlossenen Topf bei schwacher Hitze in etwa 15 Min. quellen und gar kochen lassen. Topf vom Herd ziehen und den Reis auskühlen lassen.

2 Die Tomaten in sehr feine Streifen oder kleine Würfel schneiden. Basilikum grob hacken, den Käse entrinden und fein reiben. Alles mit Semmelbröseln und Eiern unter den kalten Reis mengen. Mit Salz und Pfeffer würzen. Die Masse zu 12 gleich großen Bällchen formen, flach drücken.

3 Den Grillrost mit Alufolie auslegen und einölen. Küchlein darauflegen und mit etwa 10 cm Abstand zur Glut 10 – 15 Min. grillen, dabei einmal wenden.

Quattro-Formaggi-Tramezzini

1 Kugel Mozzarella (125 g)
150 g Gorgonzola
100 g mittelalter Pecorino oder Parmesan
8 lange Scheiben Tramezzini-Brot (ersatzweise 16 Scheiben Toastbrot)
150 g Ricotta
Salz | Pfeffer
Außerdem:
Alufolie zum Grillen

Für 4 Personen
Zubereitung: 10 Min. | Grillen: 7 Min.

1 Den Mozzarella in möglichst dünne Scheiben schneiden. Den Gorgonzola entrinden und in sehr kleine Würfel schneiden. Den Pecorino oder Parmesan entrinden und fein reiben.

2 Die Hälfte der Tramezzini-Scheiben auf der Arbeitsfläche auslegen und mit dem Ricotta bestreichen. Mit Salz und Pfeffer würzen. Mozzarella, Gorgonzola und Pecorino oder Parmesan darauf verteilen. Mit den restlichen Tramezzini-Scheiben abdecken und diese gut andrücken, dann die Brote quer halbieren.

3 Den Grillrost mit Alufolie auslegen. Die Tramezzini darauflegen und mit etwa 10 cm Abstand zur Glut 6 – 7 Min. grillen, bis der Käse zerlaufen ist und die Toasts knusprig sind. Dabei die Tramezzini einmal wenden und den Grill möglichst mit dem Deckel abdecken, damit der Käse gut schmilzt.

oben: Reisküchlein mit Käse und Tomaten | unten: Quattro-Formaggi-Tramezzini

AUS-
PROBIEREN!

Grillgeräucherte Zwiebeln

3 Zwiebeln
1 Knoblauchknolle
5 Schalotten
2 Bund Frühlingszwiebeln
Außerdem:
1 Ahorn-Chunk (siehe Tipp S. 101)

Für 4 Personen
Zubereitung: 1 Std. 10 Min.
Räuchern: 15 Min.

1 Die Kohle für den Kugelgrill vorglühen. Den Grill anschließend mit zwei Zonen vorbereiten, Deckel schließen und auf 180° aufheizen.

2 Zwiebeln schälen und vierteln. Knoblauchknolle samt Schale quer durchschneiden. Beides mit den Schnittflächen über die Glut legen. Schalotten dazulegen. Alles 5 Min. grillen, dann über die indirekte Hitze legen. Frühlingszwiebeln waschen. Direkt grillen, bis die Hüllblätter dunkel werden. Vom Grill nehmen, Hüllblätter abziehen.

3 Chunk auf die Glut legen, Deckel schließen. Das Gemüse 15 Min. bei konstant 180° räuchern. Vom Rost nehmen, Schalotten und Knoblauch aus der Schale drücken. Mit Salvitxada (siehe unten) servieren.

SALVITXADA

2 Knoblauchzehen schälen und durch die Knoblauchpresse drücken. 2 Zwiebeln schälen. Mit 1 Knoblauchknolle und 1 Fleischtomate quer halbieren und 5 Min. grillen. In einer Pfanne je 2 EL Mandeln und Haselnusskerne ohne Fett rösten. 2 Scheiben Weißbrot toasten. Alles mit ½ TL Chilipulver, 50 ml Essig, 100 ml Olivenöl, je 1 Prise Zucker, Salz und Pfeffer und dem Knoblauchfruchtfleisch pürieren. Salzen.

SÄUERLICH-HERB

Grillgeräuchertes Gemüse

1 Aubergine
1 Zucchino
1 Chicorée
8 kleine Champignons
1 Knoblauchzehe
3 EL Olivenöl
4 EL Aceto balsamico
Salz
Pfeffer
3 Frühlingszwiebeln
1 TL Kapern (aus dem Glas)
1 Handvoll Basilikumblätter
Außerdem:
1 Tannen- oder Wacholderholz-Chunk (siehe rechts)

Für 4 Personen
Zubereitung: 1 Std. | Räuchern: 10 Min.

1 Die Kohle für den Kugelgrill vorglühen. Den Grill anschließend mit zwei Zonen vorbereiten, Deckel schließen und auf 180° aufheizen.

2 Aubergine, Zucchino und Chicorée waschen und putzen. Alles längs in 4 mm dicke Scheiben schneiden. Pilze putzen und halbieren. Die Gemüse über der direkten Hitze von beiden Seiten goldgelb grillen. Dann über die indirekte Hitze legen. Chunk auf die Glut legen, Deckel schließen und die Gemüse 10 Min. räuchern. Auf eine Platte legen.

3 Knoblauch schälen und hacken. Eine kleine Pfanne über der direkten Hitze erwärmen. Den Knoblauch mit 1 EL Öl darin weich dünsten. Mit Essig ablöschen. Den Sud und das restliche Öl über das Gemüse träufeln. Mit Salz und Pfeffer abschmecken. Frühlingszwiebeln waschen, putzen und in Ringe schneiden. Mit Kapern und Basilikum auf das Grillgemüse streuen.

CHUNKS

Als Chunks bezeichnet man das Räucherholz für den Kugelgrill. Erhältlich im Fachhandel.

links: Paprika und Auberginen mit Schafkäse | rechts: Radicchio mit Ziegenkäse

Paprika und Auberginen mit Schafkäse

2 kleine Auberginen (à ca. 300 g)
Salz
4 Paprikaschoten (à ca. 200 g)
Pfeffer
1 EL getrockneter Majoran oder Oregano
300 g Schafkäse (Feta)
8 El Olivenöl
Außerdem:
Alu-Grillschale

Für 4 Personen
Zubereitung: 15 Min. | Ruhen: 30 Min. | Grillen: 20 Min.

1 Die Auberginen waschen und vom Stiel befreien. Auberginen der Länge nach in 16 dünne Scheiben (nicht dicker als 1 cm) schneiden. Salzen und etwa 30 Min. ruhen und Saft ziehen lassen.

2 Dann Auberginenscheiben waschen, trockentupfen und die Hälfte davon auf der Arbeitsfläche auslegen, die andere Hälfte beiseitelegen. Die Paprikaschoten waschen, längs halbieren, putzen. Jede Hälfte mit der Hautseite nach unten auf der Arbeitsfläche auslegen und flach drücken.

3 Gemüse mit Salz, Pfeffer und Majoran oder Oregano würzen. Schafkäse gleichmäßig darüberbröseln, nochmals würzen. Die Käse-Auberginen-Scheiben mit den beiseitegelegten Scheiben abdecken, gut andrücken. Jede Paprikahälfte zusammenklappen und ebenfalls gut andrücken.

4 Den Grillrost mit einer Alu-Grillschale belegen. Das Gemüse daraufgeben und mit etwa 10 cm Abstand zur Glut etwa 20 Min. grillen, dabei immer wieder wenden und mit dem Öl beträufeln.

Radicchio mit Ziegenkäse

4 große Köpfe Radicchio (à ca. 200 g, am besten der längliche Trevisano)
300 g Kirschtomaten
250 g Ziegenfrischkäse
60 g Semmelbrösel
9 EL Olivenöl
Salz | Pfeffer
Außerdem:
Alufolie zum Grillen

Für 4 Personen
Zubereitung: 20 Min. | Grillen: 8 Min.

1 Die Radicchio-Köpfe waschen, putzen und so durch den Strunk vierteln (Trevisano nur halbieren), dass die Blätter noch gut zusammenhalten.

2 Die Tomaten waschen und in sehr kleine Würfel schneiden. Den Frischkäse mit den Fingern zerbröseln und mit Tomaten, Semmelbröseln und 8 EL Olivenöl vermengen. Mit Salz und Pfeffer würzen.

3 Die Käse-Tomaten-Mischung zwischen den Radicchio-Blättern verteilen und die Blätter wieder fest zusammendrücken.

4 Den Grillrost mit Alufolie auslegen und das restliche Öl daraufträufeln. Gefüllte Radicchio-Viertel darauf mit etwa 10 cm Abstand zur Glut 6 – 8 Min. grillen, dabei einmal vorsichtig wenden.

Blattsalat mit gegrillter Ananas

Knackige Zwiebeln, Tomaten und aromatische Blättchen kontrastieren mit süßer, weicher Ananas. Ein toller Start in den Abend!

1 Babyananas
1 TL Ingwerpulver
Zimtpulver
2 ½ EL Zucker
100 g Salatmix (küchenfertig)
150 g Kirschtomaten
1 rote Zwiebel
2 EL Aceto balsamico
1 TL Senf
3 EL Olivenöl
Salz | Pfeffer

Für 2 Personen
Zubereitung: 25 Min. | Grillen: 5 Min.

1 Die Ananas schälen, den harten Strunk entfernen, das Fruchtfleisch in grobe Stücke schneiden. In einer Schüssel mit Ingwer, 1 Prise Zimt und 2 EL Zucker mischen und 10 Min. ziehen lassen.

2 Den Salatmix waschen und trockenschütteln. Tomaten waschen und halbieren. Zwiebel schälen und in Spalten schneiden.

3 Für das Dressing den Essig mit Senf und restlichem Zucker verrühren. Das Öl unterschlagen und die Sauce mit Salz und Pfeffer würzen.

4 Die Ananasstücke auf dem heißen Grill rundherum goldbraun grillen. Salatmix, Zwiebeln und Tomaten mit dem Dressing mischen und auf zwei Teller verteilen. Die gegrillten Ananasstücke darauf anrichten.

TIPP

Statt Ananas schmecken auch Apfel- oder Mangospalten, halbierte Pfirsiche oder Pflaumen sehr gut.

DIE EXTRAS

Mit einer selbst gemachten Grillsauce hebt man sich deutlich vom Einerlei aus dem Supermarkt ab. Dazu leckere Salate, Beilagen und sogar zwei gegrillte Desserts.

FEURIG

Barbecue-Gewürz

1 EL Senfkörner
1 EL brauner Rohrzucker
1 TL schwarze Pfefferkörner
1 TL Kreuzkümmel
2 Gewürznelken
½ TL getrockneter Majoran
½ TL getrockneter Thymian
½ TL grobes Meersalz
1 TL Selleriesalz
2 TL edelsüßes Paprikapulver
½ TL Cayennepfeffer

Für 4 Personen
Zubereitung: 15 Min.

1 Senfkörner, Zucker, Pfefferkörner, Kreuzkümmel, Nelken und getrocknete Kräuter mit Meersalz in einen Mörser geben und mittelfein zerreiben. Selleriesalz, Paprika und Cayennepfeffer untermischen. Die Gewürzmischung in ein Schraubglas füllen und verschließen.

BESONDERS CLEVER!

Sie können die Gewürzmischung auch in eine Gewürzmühle füllen, kräftig durchschütteln und Fleisch oder Fisch direkt aus der Mühle damit würzen. Statt Selleriesalz gehören eigentlich Selleriesamen dazu – die gibt es leider fast nur aus dem eigenen Garten.
Als Barbecue-Würzmischung für Hähnchen empfehlenswert: 1 Stück frischen Ingwer (ca. 20 g) und 2 Knoblauchzehen schälen, im Mörser zerstampfen (oder durch eine stabile Knoblauchpresse drücken) und mit 1 EL edelsüßem Paprika, 1 EL Honig, 2 TL Salz und 2 TL gemahlenem Kreuzkümmel mischen. Mit 3 – 4 EL Öl verrühren und das Geflügel damit vor dem Grillen bestreichen.

Hot-Chili-Sauce

300 g reife Tomaten
100 g frische rote Chilischoten (mittelscharf)
1 Zwiebel
2 Knoblauchzehen
2 EL Öl
2 EL Zucker
Salz
Pfeffer
½ TL gemahlener Koriander
1 TL Limettensaft

Für 4 Personen
Zubereitung: 25 Min. | Kühlen: 3 Std.

1 Die Tomaten überbrühen und häuten. Das Fruchtfleisch in Stücke schneiden, dabei die Kerne und Stielansätze entfernen. Die Chilis waschen, entkernen und in Stücke schneiden. Die Zwiebel und den Knoblauch schälen, grob würfeln. Alles in einen Mixer geben und glatt pürieren.

2 Das Öl erhitzen, das Tomaten-Chili-Püree zugeben und bei mittlerer Hitze unter Rühren 2 – 3 Min. kochen lassen. Die Sauce mit Zucker, Salz, Pfeffer und Koriander abschmecken.

3 Die Sauce abkühlen lassen, dann zugedeckt im Kühlschrank ca. 3 Std. ziehen lassen. Vor dem Servieren mit Salz und Limettensaft abschmecken.

VARIANTE

Schneller geht es mit 200 ml passierten Tomaten aus Flasche oder Päckchen. Haben Sie keine frischen Chilischoten bekommen? Die Tomatensauce beim Kochen mit Cayennepfeffer pikant würzen. Ganz scharf: zum Schluss noch ein paar Tropfen Tabascosauce zugeben.

oben: Barbecue-Gewürz | unten: Hot-Chili-Sauce

AROMA-
FRISCH

Zaziki mit Minze

1 kleines Stück Salatgurke (120 g) | Salz | 2 große Knoblauchzehen | ½ Bund Minze | 400 g Joghurt (am besten griechischer) | 3 EL Zitronensaft | 2 TL gemahlener Kreuzkümmel | 1 TL Zucker | Pfeffer

Für 4 Personen
Zubereitung: 15 Min.

1 Die Gurke schälen oder gründlich waschen, in ein Sieb raspeln und mit Salz bestreuen. Im Sieb etwa 10 Min. ziehen und abtropfen lassen.

2 Den Knoblauch schälen und durch die Presse drücken. Minze waschen, trockenschütteln und in sehr feine Streifen schneiden. Beides mit Joghurt, Zitronensaft, Kreuzkümmel und Zucker verrühren.

3 Die Gurke ausdrücken und unter den Joghurt mischen. Zaziki mit Salz und Peffer abschmecken.

Sesam-Ricotta-Quark

60 g helle Sesamsamen | 250 g Ricotta | 250 g Quark oder Topfen | abgeriebene Schale und 4 EL Saft von 1 Bio-Limette | Salz | Pfeffer

Für 4 Personen
Zubereitung: 10 Min.

1 Den Sesam in eine kleine Pfanne geben und ohne Fettzugabe bei mittlerer Hitze unter Rühren goldbraun rösten. Wenn die Samen »zu springen« beginnen, bei Bedarf abdecken.

2 Den Ricotta mit dem Quark oder Topfen, der Limettenschale und dem Limettensaft verrühren. Die Sesamsamen noch heiß untermischen. Mit Salz und Pfeffer würzen.

KLASSIKER

Ajvar

2 große rote Paprikaschoten | 1 kleine Zwiebel | 1 große Knoblauchzehe | 2 EL Olivenöl | Saft von ½ Zitrone | Salz | 1 TL Cayennepfeffer

Für 4 Personen
Zubereitung: 25 Min. | Backen: 15 – 20 Min.

1 Backofen auf höchste Stufe vorheizen. Paprika waschen, längs halbieren, putzen. Backblech mit Alufolie auslegen, Schotenhälften mit der Haut nach oben darauflegen, flach drücken. Im Ofen (oben) 15 – 20 Min. backen, bis die Haut dunkle Blasen wirft. Abkühlen lassen, häuten, pürieren.

2 Zwiebel und Knoblauch schälen, fein würfeln. Im Öl bei mittlerer Hitze 5 Min. dünsten. Zitronensaft und Püree dazugeben. Unter Rühren 4 – 5 Min. einkochen lassen. Mit Salz und Cayennepfeffer würzen.

Eier-Zwiebel-Creme

4 Eier (Größe M) | 1 TL Senf (z. B. Dijon-Senf mit Honig, mittelscharfer oder süßer Senf) | 100 g Crème fraîche | 2 große Frühlingszwiebeln | 1 TL Weißweinessig oder Zitronensaft | Salz | Pfeffer

Für 4 Personen
Zubereitung: 15 Min. | Kochen: 10 – 12 Min.

1 Die Eier in Wasser in 10 – 12 Min. hart kochen. Dann abschrecken, pellen und halbieren. Eigelbe herauslösen und mit der Gabel zerdrücken. Mit Senf und Crème fraîche verrühren.

2 Die Eiweiße fein hacken. Die Frühlingszwiebeln waschen, putzen und mit dem Grün in feine Ringe schneiden. Beides mit Essig oder Zitronensaft unter die Creme mischen. Mit Salz und Pfeffer würzen.

IDEAL ZU FLEISCH

Kräuterbutter

1 Bund gemischte Kräuter (z. B. Petersilie, Kerbel, Schnittlauch, Estragon, Basilikum, Zitronenmelisse, Dill) | 1 Schalotte | 250 g weiche Butter | ½ TL Zitronensaft | ½ TL Worcestersauce | Salz | Pfeffer

Für 4 – 6 Personen
Zubereitung: 15 Min. | Kühlen: 2 Std.

1 Die Kräuter abbrausen und trockenschütteln, die Blättchen abzupfen und fein hacken. Die Schalotte schälen und in kleine Würfel schneiden.

2 Die Butter mit den Quirlen des Handrührgeräts cremig rühren. Die Kräuter mit Schalotte, Zitronensaft und Worcestersauce untermengen. Mit Salz und Pfeffer kräftig abschmecken. Die Kräuterbutter für etwa 2 Stunden in den Kühlschrank stellen. Dann am besten zu Fleisch oder Fisch servieren.

Ananasketchup

250 g Ananas oder 150 g Ananasstücke (aus der Dose, möglichst wenig oder nicht gezuckert) | 2 TL grüne Pfefferkörner (frisch oder aus dem Glas) | 200 g Ketchup | 1 TL Zitronensaft | Salz

Für 4 Personen
Zubereitung: 10 Min.

1 Die frische Ananas schälen und den harten Strunk aus der Mitte abschneiden. Die braunen Stellen im Fruchtfleisch mit der Messerspitze herausbohren. Ananas in kleine Würfel schneiden. Oder Dosenananas abtropfen lassen und die Stücke ebenfalls fein schneiden. Pfefferkörner abbrausen und mittelgrob hacken.

2 Den Ketchup mit den Ananaswürfeln und dem Pfeffer verrühren und mit dem Zitronensaft und Salz abschmecken. Der Ketchup schmeckt zu Hackküchlein und Bratwürstchen, aber auch zu Schweinesteaks und Tofu.

FRUCHTIG-SCHARF

Thai Chili-Chicken-Sauce

5 rote mittelscharfe Thai-Chilischoten
3 Knoblauchzehen
30 g Ingwer
100 g Zucker
2 TL Speisestärke
3 EL heller Essig
Salz

Für 6 Personen
Zubereitung: 30 Min.

1 Die Chilis waschen, längs vierteln und samt Kernen (aber ohne Stielansätze) klein schneiden. Den Knoblauch und den Ingwer schälen und sehr fein hacken.

2 Den Zucker in einen hellen Topf streuen und mit etwas Wasser befeuchten. Bei mittlerer Hitze schmelzen. Chilis und Knoblauch ca. 5 Min. darin andünsten. Den Topf vom Herd nehmen und kurz abkühlen lassen. Ingwer zugeben, ¼ l Wasser angießen und unter Rühren aufkochen.

3 Die Speisestärke mit etwas kaltem Wasser anrühren, mit dem Essig zum Sirup gießen und 3 Min. sanft kochen lassen. Salzen und in einem Schüsselchen abkühlen lassen.

VERWENDUNGS-TIPP

Die Chili-Chicken-Sauce ist eine vielseitig verwendbare Sauce für Hähnchen und anderes Geflügel. Vor dem Grillen wird das Fleisch damit gewürzt und mariniert: Wird sie während des Grillens daraufgepinselt, macht sie eine schöne Kruste. Und hinterher dient sie als Dip.

AUS USA UND MEXIKO

Mais-Relish

1 Dose Maiskörner (340 g Abtropfgewicht)
125 g Blumenkohl
1 kleine rote Paprikaschote (ca. 150 g)
1 Zwiebel
½ TL schwarze Pfefferkörner
½ TL Pimentkörner
1 TL Senfkörner
5 EL brauner Rohrzucker
Salz
100 ml Weißweinessig
1 EL Zitronensaft

Für 4 Personen
Zubereitung: 35 Min. | Marinieren: 12 Std.

1 Die Maiskörner in einem Sieb abtropfen lassen. Den Blumenkohl waschen und in ganz kleine Stücke teilen. Die Paprikaschote waschen, putzen und klein würfeln. Die Zwiebel schälen und fein hacken. Alles in einen Topf geben. Pfeffer und Pimentkörner zerdrücken und mit den Senfkörnern dazugeben. Zucker und ca. 1 TL Salz darüberstreuen.

2 Den Essig und 100 ml Wasser dazugießen, aufkochen lassen und das Gemüse offen bei mittlerer Hitze 5 Min. kochen, ab und zu umrühren. Den Topf vom Herd nehmen, zudecken und das Relish abkühlen lassen. In eine Schüssel füllen und über Nacht im Kühlschrank marinieren. Vor dem Servieren mit Salz und Zitronensaft abschmecken.

VERWENDUNGS-TIPP

Wird in Amerika als pikante Beilage zu Fleisch (Steaks, Spareribs, Koteletts) vom Grill, zu Würstchen wie Hotdogs und überhaupt bei jeder Party serviert.

Rohe Tomaten-Salsa

500 g Fleischtomaten
1 Bund Koriandergrün (ersatzweise glatte Petersilie)
1 milde weiße Zwiebel
2 Knoblauchzehen
2 grüne Chilischoten
Salz
Pfeffer
1 – 2 TL Limettensaft

Für 4 Personen
Zubereitung: 25 Min.

1 Die Tomaten mit kochendem Wasser kurz überbrühen, häuten und ohne Stielansätze klein würfeln. Das Koriandergrün verlesen, waschen und trockenschütteln, die Blättchen sehr fein schneiden. Die Zwiebel und den Knoblauch schälen und fein hacken. Die Chilis waschen, längs aufschlitzen, entkernen und klein würfeln.

2 Zwiebel, Knoblauch und Chilis im Mörser oder mit dem Blitzhacker fein zerkleinern. Das Püree mit den Tomaten und dem Koriandergrün mischen, dabei alles noch ein wenig zerdrücken, damit sich das Aroma entwickelt. Mit Salz, Pfeffer und Limettensaft abschmecken. Gleich servieren oder im Kühlschrank etwas ziehen lassen.

WÜRZ-TIPP

Die scharfe Sauce, die in Mexiko wie Salz und Pfeffer zu jedem Fleisch und Fischgericht serviert wird, können Sie noch mit etwas zerriebenem Oregano, gemahlenen Korianderkörnern oder Olivenöl abschmecken. Statt Limettensaft wird in Mexiko auch mal Essig genommen. 1 Prise Zucker oder etwas Honig mildert die Schärfe.

oben: Mais-Relish | unten: Rohe Tomaten-Salsa

SÜSS-WÜRZIG

Rhabarber-Chutney

1 Stück Ingwer (4 cm) | 1 kleine Zwiebel | 1 große Mango | 1 Stange Zimt | 1 TL grüne Kardamomkapseln | 5 getrocknete Chilischoten | 100 g Rohrohrzucker | 80 ml Aceto balsamico bianco | 400 g Rhabarber | Salz

Für 4 Gläser (je 150 ml Inhalt)
Zubereitung: 25 Min.

1 Den Ingwer und die Zwiebel schälen, klein würfeln. Mango schälen, Fruchtfleisch vom Stein schneiden und 1 cm groß würfeln. Diese Zutaten mit Gewürzen, Zucker, Essig und 200 ml Wasser bei mittlerer Hitze etwa 10 Min. einkochen lassen.

2 Den Rharbarber waschen, putzen und in ½ cm große Stücke schneiden. Zum Chutney geben und alles in etwa 5 Min. dicklich einkochen, salzen. Sofort in Gläser füllen und gut verschließen.

Zwiebel-Ananas-Relish

300 ml Rotweinessig oder Aceto balsamico | 100 g Zucker | 1 EL helle Senfkörner | 500 g kleine rote Zwiebeln | 1 Stück Ananas (ca. 400 g) | 50 ml Rotwein | Salz | Pfeffer

Für 3 Gläser (je 200 ml Inhalt)
Zubereitung: 30 Min.

1 Essig mit Zucker und Senfkörnern bei starker Hitze offen etwa 10 Min. einkochen lassen.

2 Die Zwiebeln schälen, halbieren und in dünne Spalten schneiden. Ananas schälen, vom harten Strunk befreien und ½ cm groß würfeln.

3 Zwiebeln, Ananas und Wein mit in den Topf geben, alles bei mittlerer Hitze noch etwa 10 Min. kochen lassen. Relish mit Salz und Pfeffer würzen. Sofort in Gläser füllen und gut verschließen.

SOMMERLICH FRISCH

Kräuter-Zucchini-Salsa

je 1 Bund Petersilie und Basilikum | 1 sehr kleiner Zucchino | 1 Zwiebel | 1 Knoblauchzehe | 4 EL Olivenöl | 3 EL Aceto balsamico bianco oder Weißweinessig | 1 TL Honig | Salz | (Cayenne-)Pfeffer

Für 4 Personen
Zubereitung: 10 Min. | Marinieren: 1 Std.

1 Die Kräuter waschen, trockenschütteln und fein hacken. Den Zucchino waschen und putzen, die Zwiebel schälen, beides sehr fein würfeln. Knoblauch schälen und durch die Presse drücken.

2 Die vorbereiteten Zutaten mit Olivenöl, Essig und Honig vermischen. Mit Salz und (Cayenne)-Pfeffer würzen. Die Salsa etwa 1 Std. ziehen lassen.

Tomatenketchup

600 g Tomaten | 1 Zwiebel | 2 Knoblauchzehen | ½ Bund gemischte Kräuter (z. B. Petersilie, Oregano, Thymian, Rosmarin, Basilikum) | 2 EL Öl | 50 g Rohrohrzucker | 80 g Tomatenmark | 50 ml Weißweinessig | Salz | Pfeffer

Für 1 Glasflasche (250 ml Inhalt)
Zubereitung: 15 Min. | Kochen: 45 Min.

1 Tomaten waschen, grob würfeln. Zwiebel und Knoblauch schälen, Zwiebel grob würfeln. Kräuter waschen und trockenschütteln. Öl erhitzen, Zwiebel und Knoblauch darin andünsten. Zucker, Tomaten und Kräuter untermischen. Im geschlossenen Topf bei mittlerer Hitze 30 Min. kochen lassen.

2 Durch ein Sieb streichen, Püree mit Tomatenmark und Essig in 10 – 15 Min. offen dicklich einkochen. Salzen und pfeffern. In die Flasche füllen.

UNNACH-
AHMLICH

BBQ-Chili-Sauce

1 große Zwiebel
3–4 Knoblauchzehen
1 TL getrocknete Jalapeño-Chili-Flakes (Chipotle, ersatzweise andere getrocknete Chiliflocken)
½ TL Kreuzkümmelsamen
2 EL Sonnenblumenöl
½–1 TL feines Meersalz
50 g dunkelbrauner Roh-Rohrzucker (z. B. Muscovado)
500 g Dosentomaten (ersatzweise pürierte Tomaten)
2 EL Weißweinessig
100 ml Malzbier
1 TL Worcestersauce
Pfeffer

Für 1 Glasflasche (500 ml Inhalt)
Zubereitung: 25 Min. | Kochen: 20 Min.

1 Zwiebel schälen und klein würfeln, Knoblauch schälen und in feine Scheiben schneiden. Chili und Kreuzkümmel fein mörsern. Öl in einem Topf erhitzen und darin die Zwiebel bei mittlerer Hitze andünsten.

2 Sobald die Zwiebel glasig wird, Knoblauch dazugeben. Sobald beides beginnt zu bräunen – die Röststoffe sind wichtig für den späteren Geschmack der Sauce –, gemörserte Gewürze, Salz und den Zucker zugeben und kurz mitrösten. Tomaten, Essig und Malzbier untermischen und alles mindestens 20 Min. bei geringer Hitze einköcheln lassen.

3 Die Sauce mit Worcester und Pfeffer würzen. Mit einem Pürierstab fein sämig zerkleinern und abschmecken. In die Flasche füllen, gut verschließen und im Kühlschrank aufbewahren.

Nektarinen-Koriander-Salsa

1 kleine rote Zwiebel
1 Knoblauchzehe
½ große grüne Chilischote
300 g Nektarinen (Pfirsiche und Mangos schmecken auch fein)
100 g gelbe oder rote Kirschtomaten
1 Bund Koriandergrün
1 Bio-Limette
1 EL dunkelbrauner Roh-Rohrzucker (z. B. Muscovado)
feines Meersalz

Für 1 Glasflasche (500 ml Inhalt)
Zubereitung: 15 Min.

1 Zwiebel und Knoblauch schälen und fein würfeln. Chilischote waschen und fein hacken (wer es kaum scharf mag, der entfernt zuvor die Kerne und Trennwände). Die Nektarinen vierteln, entsteinen, mit einem Messer oder Sparschäler schälen und grob würfeln. Die Tomaten waschen und vierteln. Den Koriander abbrausen, trockenschütteln und die Blättchen hacken (es sollten 2–3 EL sein). Limette heiß waschen und abtrocknen, die Schale fein abreiben und den Saft auspressen,

2 Alle vorbereiteten Zutaten mit Zucker und Salz in einen Mixer oder in eine Küchenmaschine mit Schneideeinsatz geben (ein Pürierstab funktioniert ebenfalls) und bis zur gewünschten Konsistenz pürieren.

3 Die Nektarinen-Koriander-Salsa abschmecken und in die Flasche füllen, gut verschließen. Im Kühlschrank aufbewahren.

links: BBQ-Chili-Sauce | rechts: Nektarinen-Koriander-Salsa

ÜBER-
RASCHEND
ANDERS

Orient-Mayo

1 zimmerwarmes, ganz frisches Eigelb (Größe M)
1 EL Zitronensaft
1 TL Harissa (arabische Würzpaste mit Chili, ersatzweise ½ TL Chilipulver)
150 ml Öl (z. B. Sonnenblumen-, Sesam- oder Olivenöl)
3 EL Rosinen
2 EL Pinienkerne
je ½ TL Zimtpulver, gemahlener Kardamom und Kreuzkümmel
Salz

Für 1 Glas (200 ml Inhalt)
Zubereitung: 10 Min.

1 Eigelb mit Zitronensaft und Harissa verrühren. Wenig Öl dazugeben und mit den Schneebesen des Handrührgeräts unterschlagen. Nach und nach unter weiterem Rühren in einem dünnen Strahl auch das restliche Öl dazufließen lassen.

2 Die Rosinen und Pinienkerne fein hacken und mit den Gewürzen unter die Mayonnaise mischen.

VARIANTE – AIOLI

Für 1 Glas (200 ml Inhalt) 1 Scheibe Toastbrot entrinden, würfeln und mit 4 EL Milch übergießen. Kurz ziehen lassen, dann ausdrücken. 3–4 Knoblauchzehen schälen, pressen und mit Brot und 1 Eigelb (Größe M) verrühren. ¼ l Olivenöl nach und nach dazugießen und alles mit dem Handrührgerät zur Mayonnaise schlagen. Mit Salz, Pfeffer und 2 Spritzern Zitronensaft abschmecken.

AUS INDIEN

Cachumbar-Salat

400 g Fleischtomaten
1 Salatgurke
2 milde weiße Zwiebeln
1 Knoblauchzehe
2 grüne Chilischoten
1 TL brauner Rohrzucker
Salz | Pfeffer
4 EL Zitronensaft
2 EL grob geschnittenes Koriandergrün (ersatzweise Petersilie)

Für 4 Personen
Zubereitung: 20 Min.

1 Die Tomaten waschen und die Stielansätze entfernen. Die Tomaten in kleine Würfel schneiden. Die Gurke schälen und klein würfeln. Zwiebeln und Knoblauch schälen. Zwiebeln vierteln und in große Stücke teilen, Knoblauch fein hacken. Die Chilis waschen, putzen und längs halbieren. Die Kerne auskratzen und die Schoten in feine Streifen schneiden. Alle vorbereiteten Zutaten in einer Schüssel mischen.

2 Den Salat mit Zucker bestreuen, salzen und pfeffern. Mit dem Zitronensaft beträufeln. Das Koriandergrün zugeben und alles locker mischen. Bis zum Servieren zugedeckt in den Kühlschrank stellen.

VARIANTE

Ein ähnlich erfrischender Salat wird auf der Insel Madagaskar nur aus Tomaten mit 1 Bund fein geschnittenen Frühlingszwiebeln bereitet. Statt Chilis kommen ein paar Spritzer Tabascosauce dran. Wenn auch beide Originale ohne Öl angemacht werden, können Sie die Salate mit 2 – 3 EL Sonnenblumenöl gehaltvoller machen.

GANZ EINFACH

Türkischer Hirtensalat

4 reife, feste Tomaten
1 Salatgurke
1 Bund Frühlingszwiebeln
2 grüne Chilischoten
1 Bund Petersilie
3 EL Zitronensaft
Salz
Pfeffer
4 EL Olivenöl
1 Salatherz (Mini-Romanasalat)
10 schwarze Oliven
50 g milder Schafkäse (Feta)

Für 4 Personen
Zubereitung: 30 Min.

1 Die Tomaten waschen und würfeln, dabei die Stielansätze entfernen. Die Gurke schälen, längs halbieren, entkernen und ebenfalls würfeln. Frühlingszwiebeln waschen, putzen und in Ringe schneiden. Chilis waschen, längs aufschlitzen, Trennwände und Kerne entfernen (Vorsicht, scharf!), die Schoten in feine Streifen schneiden. Die Petersilie waschen, trockenschütteln, die Blättchen abzupfen und grob hacken.

2 Den Zitronensaft mit Salz und Pfeffer verrühren, das Olivenöl unterschlagen. Die vorbereiteten Zutaten untermischen.

3 Salat waschen, trockenschleudern und in Streifen schneiden, auf einer Platte ausbreiten. Gemüse darauf häufen, mit Oliven und Schafkäsebrocken bestreuen.

PICKNICK-VARIANTE

Den Salat ohne Salatherz vorbereiten, in eine Plastikdose packen, Salatsauce, Oliven und Schafkäse extra mitnehmen.

AUS SIZILIEN

Pikanter Peperonata-Salat

750 g Paprikaschoten (rote und gelbe)
500 g reife Tomaten
2 Zwiebeln
2 Knoblauchzehen
4 EL Olivenöl
4 EL Weißweinessig
1 Prise Cayennepfeffer
Salz
Pfeffer

Für 4 Personen
Zubereitung: 50 Min.

1 Die Paprikaschoten waschen, längs halbieren und putzen. Die Hälften vierteln. Die Tomaten kurz mit kochendem Wasser überbrühen, häuten und vierteln, Kerne und Stielansätze entfernen, das Fruchtfleisch grob würfeln. Die Zwiebeln und den Knoblauch schälen, Zwiebeln in feine Streifen, Knoblauch in Scheiben schneiden.

2 In einem breiten Topf das Öl erhitzen. Die Zwiebeln in 5 Min. glasig dünsten, den Knoblauch und die Paprika einrühren, kurz anbraten. Den Essig darüberträufeln und aufkochen lassen. Die Tomaten untermischen, mit Cayennepfeffer, Salz und Pfeffer pikant würzen.

3 Alles zugedeckt bei schwacher Hitze 20 Min. schmoren, bis die Paprikaschoten gar, aber nicht zu weich sind. Die Peperonata nochmals mit Salz und Pfeffer abschmecken und abkühlen lassen.

BESONDERS CLEVER!

Die tolle Beilage zu Fleisch und Fisch wird noch genialer, wenn Sie ein paar Basilikumblätter fein schneiden und untermischen. Zum Schluss 2 EL Pinienkerne in einer trockenen Pfanne vorsichtig anrösten und darüberstreuen.

AUS INDIEN

Auberginen mit Tomaten

2 große Auberginen (à ca. 500 g)
500 g Tomaten
2 rote Chilischoten
30 g Ingwer
3 EL Sahnejoghurt
1 EL Limettensaft
1 TL gemahlener Kreuzkümmel
Salz | Pfeffer
1 EL klein geschnittenes Koriandergrün (ersatzweise Petersilie)

Außerdem:
Öl zum Bestreichen

Für 4 Personen:
Zubereitung: 1 Std.

1 Die Auberginen waschen, den Strunk abschneiden und die Schale längs rundum einritzen, mit etwas Öl bestreichen. Auf dem heißen, geölten Rost bei mittlerer Hitze 30–45 Min. backen, bis die Auberginen weich sind, dabei öfter wenden. Inzwischen die Tomaten waschen und ohne Stielansätze ganz klein würfeln. Die Chilis waschen und putzen, den Ingwer schälen, beides ganz fein hacken.

2 Die Auberginen etwas abkühlen lassen, häuten und das Fruchtfleisch klein hacken oder mit einer Gabel zerdrücken. Mit den Tomaten, Chilis, Ingwer, Joghurt und Limettensaft vermischen, mit Kreuzkümmel, Salz und Pfeffer würzen. Mit dem Koriandergrün bestreuen und lauwarm servieren.

VARIANTE

Statt Ingwer 1 Granatapfel einschneiden und über dem Auberginenpüree auseinanderdrücken, bis die Kerne herausfallen (Vorsicht, der Saft macht Flecken!), Kerne untermischen.

SÜSS-SALZIG

Salat mit Grillpfirsich und Schinken

4 reife, aber festfleischige Pfirsiche
7 EL Olivenöl
Salz | Pfeffer
1 kleiner Römersalat
1 Bund Rucola
6 Scheiben Parmaschinken (ca. 100 g)
2 Stängel Basilikum
3 EL Aceto balsamico
1 EL Honig

Für 4 Personen
Zubereitung: 25 Min.

1 Die Pfirsiche waschen, halbieren und die Kerne entfernen. Die Pfirsichhälften in je 3 gleich große Spalten schneiden und mit 2 EL Öl, Salz und Pfeffer mischen, sodass sie gleichmäßig mit Öl benetzt sind. Dann die Pfirsichspalten in einer Grillpfanne portionsweise bei starker Hitze pro Seite ca. 1 Min. braten, herausnehmen und abkühlen lassen.

2 Inzwischen den Strunk vom Römersalat abschneiden und den Salat in Blätter teilen. Den Rucola verlesen und grobe Stiele abschneiden. Römersalat und Rucola waschen und trockenschleudern, Römersalat in Streifen schneiden. Die Schinkenscheiben quer halbieren. Basilikum waschen und trockenschütteln, Blätter von den Stängeln zupfen und in Streifen schneiden.

3 Aus Essig, Honig und übrigem Öl ein Dressing rühren, salzen, pfeffern und Basilikum untermischen. Römersalat, Rucola, Pfirsiche und Schinken auf Tellern anrichten, mit dem Dressing beträufeln und sofort servieren.

oben: Caesar's Salad | unten: Roter Kartoffelsalat

AUS DEN USA

Caesar's Salad

1 Romanasalat (ca. 500 g)
75 g Mayonnaise
2 EL Joghurt
2 EL Zitronensaft
1 TL Senf
2 Tropfen Tabascosauce
2 Sardellenfilets in Salzlake
Salz
Pfeffer
50 g Parmesan am Stück
3 Scheiben Toastbrot vom Vortag
60 g Frühstücksspeck (Bacon)
2 EL Olivenöl

Für 4 Personen
Zubereitung: 35 Min.

1 Den Salat putzen, waschen und die Blätter in ca. 2 cm breite Streifen schneiden. In einem Sieb gut abtropfen lassen. Für die Salatsauce die Mayonnaise mit Joghurt, Zitronensaft, Senf und Tabasco verrühren. Die Sardellenfilets abspülen, trockentupfen und fein hacken, unter die Sauce mischen, eventuell mit etwas Salz und Pfeffer abschmecken.

2 Den Parmesan in feine Blättchen hobeln. Das Toastbrot entrinden und würfeln. Den Speck in Streifen schneiden. In einer Pfanne das Öl erhitzen, den Speck darin bei mittlerer Hitze knusprig braten, herausheben und auf Küchenpapier abtropfen lassen. Im verbliebenen Fett die Brotwürfel rundum hellbraun anrösten, herausheben und abtropfen lassen.

3 Die Salatstreifen mit der Salatsauce beträufeln. Die Brotwürfel, den Speck und die Parmesanblättchen darübergeben oder extra zum Bestreuen servieren.

Roter Kartoffelsalat

1 kg rotschalige festkochende Kartoffeln (z. B. Desirée, Laura oder Rosara)
Salz
1 rote Zwiebel
1 Knoblauchzehe
6 EL milder Apfelessig
1 EL Tomatenketchup
1 TL scharfer Senf
1 TL rote Tabascosauce
7 EL Olivenöl
2 Zweige Dill
1 Zweig Estragon
Pfeffer

Für 4 Personen
Zubereitung: 35 Min. | Marinieren: 2 Std.

1 Die Kartoffeln waschen, schälen und in rechteckige, ca. 1 × 2 cm große Stücke schneiden. In einem Topf mit Wasser bedecken und aufkochen. Salzen und bei mittlerer Hitze in ca. 15 Min. gar kochen.

2 Die Zwiebel und den Knoblauch schälen, fein hacken und in eine Salatschüssel geben. Mit Essig, Ketchup, Senf und Tabasco verrühren. Das Olivenöl unterschlagen. Die Kräuter waschen, trockenschütteln und die Blättchen fein hacken, untermischen. Die Salatsauce mit Salz und Pfeffer kräftig würzen.

3 Die Kartoffelwürfel in ein Sieb abgießen, nur kurz abtropfen lassen und noch warm unter die Salatsauce mischen. Zugedeckt kühl (aber möglichst nicht in den Kühlschrank) stellen und ca. 2 Std. ziehen lassen. Nochmals mit Salz und Pfeffer abschmecken, servieren.

KNACKIGE VITAMIN-C-BOMBEN

Weißkrautsalat

1 Weißkohl (ca. 1 kg)
Salz
6 EL heller Essig (z. B. Weißweinessig, Aceto balsamico bianco oder Apfelessig)
Pfeffer
1 EL Kümmelsamen
1 EL Zucker
1 großes Bund Frühlingszwiebeln

Für 4 Personen
Zubereitung: 20 Min. | Marinieren: 1 Std.

1 Den Weißkohl waschen und von den äußeren welken oder braunen Blättern befreien. Den Kohlkopf durch den Strunk achteln. Die Kohlachtel auf die Arbeitsfläche legen und mit einem großen scharfen Messer in feine Streifen schneiden, den Strunk jeweils entfernen.

2 Die Kohlstreifen in eine große Schüssel geben, salzen und 2 – 3 Min. kräftig mit den Händen durchkneten. Der Kohl wird dabei weicher und zieht ein wenig Flüssigkeit. Dann Essig, Pfeffer, Kümmel und Zucker gründlich untermischen. Den Salat mindestens 1 Std. ziehen lassen.

3 Die Frühlingszwiebeln waschen, putzen, samt dem Grün in feine Ringe schneiden und kurz vor dem Servieren unter den Weißkrautsalat mischen.

TIPP – KNUSPER-KICK

Fast ein Muss: heiße Speckkrustel. Dafür 50 g durchwachsenen Speck in feine Streifen oder Würfel schneiden, knusprig braten, warm über den Salat streuen.

Fenchel-Orangen-Salat

2 große Fenchelknollen (möglichst mit viel Grün)
50 g schwarze Oliven
1 rote Zwiebel
2 große Orangen
3 EL Apfelessig
Salz
Pfeffer
4 EL Olivenöl

Für 4 Personen
Zubereitung: 20 Min.

1 Die Fenchelknollen waschen, putzen und der Länge nach halbieren. Grün abzupfen und grob hacken. Die Fenchelhälften quer in feine Streifen schneiden, dabei den Strunk entfernen.

2 Das Fruchtfleisch der Oliven von den Kernen schneiden. Die Zwiebel schälen und in feine Ringe oder kleine Würfel schneiden.

3 Die Orangen so schälen, dass auch die weiße Haut mit entfernt wird. Die Fruchtfilets zwischen den Trennhäuten herausschneiden, dabei vom ablaufenden Saft 50 ml auffangen.

4 Den Orangensaft mit Essig, Salz, Pfeffer und Olivenöl kräftig verschlagen. Mit allen anderen Salatzutaten mischen.

AUSTAUSCH-TIPP

Eine der Fenchelknollen durch 300 g Zuckerschoten ersetzen. Die Schoten waschen, putzen, schräg in etwa ½ cm breite Streifen schneiden. In 1 EL Olivenöl unter Rühren bei starker Hitze 1 Min. braten, wenig salzen und pfeffern, dann mit unter den Salat mischen.

oben: Weißkrautsalat | unten: Fenchel-Orangen-Salat

KLASSIKER NEU GEMISCHT

Bohnen-Tomaten-Salat mit Koriander

200 g große weiße Bohnenkerne
350 g Kirschtomaten
2 weiße Zwiebeln
1 Bund Koriandergrün
6 EL Aceto balsamico bianco
4 EL Olivenöl
Salz | Pfeffer

Für 4 Personen
Zubereitung: 15 Min. | Einweichen: 8 – 12 Std.
Garen: 1 – 2 Std. | Marinieren: 1 Std.

1 Die Bohnen in einer Schüssel in reichlich kaltem Wasser 8 – 12 Std. einweichen. Dann in ein Sieb abgießen, abbrausen und mit etwa 600 ml frischem Wasser in einem Topf zum Kochen bringen. Bohnen bei schwacher Hitze in 1 – 2 Std. weich garen. Bei Bedarf noch Wasser nachfüllen. Bohnen abgießen und etwas abkühlen lassen.

2 Tomaten waschen und halbieren oder vierteln. Zwiebeln schälen und klein würfeln. Koriandergrün abbrausen, trockenschütteln und grob hacken.

3 Die lauwarmen Bohnen mit Tomaten, Zwiebeln, Koriander, Essig und Olivenöl vermischen. Mit Salz und Pfeffer würzen, etwa 1 Std. ziehen lassen.

GUT ZU WISSEN

Die Garzeit von getrockneten Bohnen kann sehr stark variieren. Sie ist zum einen abhängig von der Größe der Kerne und der Sorte, zum anderen aber auch davon, wie lange die Bohnen bereits im Schrank liegen. Zwischendurch am besten immer wieder probieren. Und: Salz und Essig oder Zitronensaft erst zum Schluss dazugeben, sonst werden die Bohnen gar nicht erst weich.

Grüner Kartoffelsalat mit Sprossen

800 g festkochende Kartoffeln
Salz
200 ml Gemüsebrühe
1 große Zwiebel
1 EL körniger Senf
6 EL Weißweinessig
3 EL Öl
Pfeffer
1 großes Bund Rucola (150 g)
75 g Sprossen (z. B. Erbsenspargel, Rettich- oder Mungobohnensprossen)

Für 4 Personen
Zubereitung: 25 Min. | Kochen: 25 Min.
Marinieren: 1 Std.

1 Die Kartoffeln waschen und in Salzwasser in etwa 25 Min. gar kochen. Kurz abschrecken, pellen und noch heiß in Scheiben schneiden.

2 Die Gemüsebrühe erhitzen. Die Zwiebel schälen und in kleine Würfel schneiden. Beides mit Senf, Essig und Öl zu den Kartoffeln geben und gründlich untermischen. Mit Salz und Pfeffer würzen. Den Salat etwa 1 Std. ziehen lassen.

3 Dann den Rucola waschen, trockenschütteln und alle dicken Stängel entfernen. Rucola grob schneiden und mit den Sprossen kurz vor dem Servieren unter den Kartoffelsalat mischen. Nochmals mit Salz und Pfeffer abschmecken.

oben: Bohnen-Tomaten-Salat mit Koriander | unten: Grüner Kartoffelsalat mit Sprossen

ZÜNFTIG

Bayerischer Kartoffelsalat

1 kg festkochende Kartoffeln (z. B. Sieglinde, Cilena)
Salz
2 Zwiebeln
¼ l kräftige Gemüsebrühe
6 EL Essig
4 EL Öl
½ Salatgurke
1 Bund Petersilie
Pfeffer

Für 4 Personen
Zubereitung: 1 Std.

1 Die Kartoffeln waschen, ungeschält in Salzwasser aufsetzen und zugedeckt in 25 – 30 Min. gar kochen. Die Kartoffeln abgießen, ausdampfen und etwas abkühlen lassen. Noch warm schälen und in Scheiben schneiden. In eine Schüssel (mit Deckel) geben.

2 Die Zwiebeln schälen und fein würfeln. In die Brühe geben und einmal aufkochen. Heiß über die Kartoffeln gießen, Essig und Öl zugeben und alles rasch mischen.

3 Die Gurke waschen, streifig schälen und längs vierteln. Die Viertel in dünne Scheiben schneiden, zu den Kartoffeln geben. Die Petersilie waschen, trockenschütteln und fein hacken. Ebenfalls zu den Kartoffeln geben, alles gut mischen und abkühlen lassen. Den Kartoffelsalat mit Salz und Pfeffer abschmecken, den Salat zugedeckt im Kühlschrank aufheben.

VARIANTE

Für Spreewälder Kartoffelsalat statt Salatgurke 2 große Salzgurken in Scheiben schneiden und mit etwas Gurkenlake unterheben.

WÜRZIG

Kartoffeln im Speck-Rosmarin-Mantel

12 vorwiegend festkochende, junge Kartoffeln (je 100 g, möglichst gleichmäßig geformt)
(Meer-)Salz
4 große Zweige Rosmarin
24 lange, schmale Scheiben Brettlspeck (oder anderer durchwachsener geräucherter Speck, ca. 200 g)
Pfeffer
50 g Butter
200 g saure Sahne
Alufolie zum Grillen

Für 4 Personen
Zubereitung: 15 Min. | Garen und Grillen: 35 Min.

1 Die Kartoffeln gründlich waschen und bürsten, in Salzwasser in etwa 25 Min. gar, aber nicht zu weich kochen. Abgießen, etwas abkühlen lassen.

2 Den Rosmarin waschen, trockenschütteln und die Nadeln von den Zweigen streifen. Je 2 Speckscheiben leicht überlappend nebeneinander legen, mit gut drei Viertel des Rosmarins bestreuen.

3 Die Kartoffeln längs einschneiden und vorsichtig auseinander drücken. Mit Salz und Pfeffer würzen, übrige Rosmarinnadeln und die Butter in kleinen Flöckchen in den Einschnitten verteilen. Kartoffeln wieder leicht zusammendrücken und straff mit je 2 Speckscheiben umwickeln.

4 Den Grillrost mit Alufolie auslegen. Die Kartoffeln darauflegen und mit etwa 10 cm Abstand zur Glut 10 – 12 Min. knusprig grillen, dabei immer wieder wenden. Die saure Sahne glatt verrühren und zu den Kartoffeln servieren.

FANTASTISCH ALS BEILAGE

Bunte Gemüse-Kartoffel-Spieße

250 g kleine, junge Kartoffeln
1 kleiner Zucchino | Salz
200 g Kirschtomaten
150 g Schalotten
2 Knoblauchzehen
6 Zweige Thymian
1 TL getrockneter Majoran
5 EL Olivenöl
Fleur de Sel | Pfeffer
Außerdem:
12 lange Metall- oder Holzspieße | Alu-Grillschale

Für 12 Stück
Zubereitung: 45 Min. | Grillen: 15 – 20 Min.

1 Kartoffeln gründlich waschen. Zucchino waschen, putzen und längs in feine Scheiben hobeln. In einem großen Topf Wasser aufkochen, salzen, Zucchinoscheiben hineingeben, knapp 1 Min. blanchieren, herausnehmen, abschrecken und abtropfen lassen. Die Kartoffeln ins kochende Wasser geben und ca. 20 Min. zugedeckt garen, abgießen und ausdampfen lassen.

2 Inzwischen die Tomaten waschen. Schalotten schälen, große eventuell halbieren. Knoblauch schälen und durch die Presse drücken. Den Thymian waschen und trockenschütteln, die Blättchen von den Zweigen zupfen und fein hacken. Knoblauch, Thymian, Majoran und Öl verrühren. Kartoffeln halbieren, Zucchinoscheiben fest zu Röllchen aufwickeln. Kartoffelhälften, Zucchinirollen, Tomaten und Schalotten abwechselnd auf die Spieße stecken, mit der Marinade bepinseln und mit Fleur de Sel und Pfeffer würzen.

3 Die Spieße in die Grillschale legen und auf dem Rost mit ca. 15 cm Abstand zur Hitzequelle 15 Min. grillen, dabei ab und zu mit Marinade bepinseln.

Mediterrane Schafkäse-päckchen

2 Fleischtomaten
6 Zweige Thymian
15 schwarze Oliven (ohne Stein)
1 Gemüsezwiebel
2 Knoblauchzehen
4 EL Olivenöl
600 g Schafkäse (Feta)
Salz | Pfeffer
Außerdem:
extrastarke Alufolie

Für 6 Personen
Zubereitung: 30 Min. | Grillen: 10 Min.

1 Die Tomaten waschen und halbieren, die Stielansätze wegschneiden und die Kerne mit einem Löffel herauslösen. Dann das Fruchtfleisch klein würfeln. Den Thymian waschen und trockenschütteln, die Blättchen von den Zweigen zupfen und fein hacken. Die Oliven in Scheiben schneiden. Zwiebel und Knoblauch schälen, die Zwiebel in feine Ringe schneiden.

2 Tomaten, Thymian, Oliven und Öl mischen, den Knoblauch durch die Presse dazudrücken. Den Käse gut trockentupfen, in 6 Stücke schneiden und jeweils auf ein Stück Alufolie (ca. 30 × 30 cm) legen. Ein paar Zwiebelringe darauflegen, die Tomaten-Würz-Mischung gleichmäßig darüber verteilen, salzen und pfeffern. Die Folie über dem Käse zusammenfalten und gut verschließen.

3 Die Käsepäckchen mit ca. 15 cm Abstand zur Hitzequelle auf den Grillrost legen und den Käse ca. 10 Min. grillen.

links: Bunte Gemüse-Kartoffel-Spieße | rechts: Mediterrane Schafkäsepäckchen

oben: Nudel-Paprika-Salat mit Sardellen | unten: Spinat-Rucola-Salat mit Walnüssen und Birnen

MILD-WÜRZIG
FRISCH

Nudel-Paprika-Salat mit Sardellen

250 g kurze, sehr dicke Röhrennudeln (z. B. Rigatoni)
Salz
10 Sardellenfilets in Öl
1 Knoblauchzehe
2 EL Olivenöl
7 EL Aceto balsamico bianco
Pfeffer
je 1 große rote, gelbe und orange Paprikaschote

Für 4 Personen
Zubereitung: 20 Min. | Marinieren: 1 Std.

1 Für die Nudeln reichlich Wasser zum Kochen bringen, salzen. Nudeln darin nach Packungsanweisung al dente garen.

2 Inzwischen 3 Sardellenfilets mit der Gabel zerdrücken. Den Knoblauch schälen und durch die Presse drücken. Beides mit Olivenöl, Essig, Salz und Pfeffer verrühren. Die übrigen Sardellenfilets grob hacken. Die Paprikaschoten waschen, putzen und in lange, feine Streifen schneiden.

3 Die Nudeln in ein Sieb abgießen und abschrecken, abtropfen lassen. Mit Paprikaschoten, gehackten Sardellenfilets und der Sauce mischen. Den Salat etwa 1 Std. ziehen lassen.

FARB-UND-AROMA-TIPP

Wer möchte, mischt noch 1 TL fein gehackte Bio-Zitronenschale und die Blätter von 1 Bund Basilikum unter.

Spinat-Rucola-Salat mit Walnüssen und Birnen

50 g Walnusskerne
150 g junger Blattspinat
1 großes Bund Rucola (150 g)
4 EL milder Essig (z. B. Holunderblüten- oder Apfelessig)
1 TL Zucker
Salz
Pfeffer
4 EL Walnussöl
2 Birnen

Für 4 Personen
Zubereitung: 20 Min.

1 Die Walnusskerne grob hacken und in einer Pfanne ohne Fettzugabe bei mittlerer Hitze anrösten. Dabei immer rühren, damit die Nüsse gleichmäßig bräunen.

2 Den Spinat und den Rucola waschen und trockenschleudern, dicke Stängel entfernen. Den Essig mit Zucker, Salz, Pfeffer und Öl kräftig verschlagen. Die Birnen waschen, vierteln, entkernen und in dünne Spalten schneiden.

3 Die Birnen zuerst in der Sauce wenden, damit sie sich nicht braun verfärben. Dann mit Spinat, Rucola und Walnüssen locker vermischen.

TIPP – HOLUNDERBLÜTENESSIG

Für diesen aromatischen Essig etwa 5 Holunderblütendolden vorsichtig abbrausen, trocknen und in ein Twist-off-Glas (1 l Inhalt) geben. In einem kleinen Topf 100 g Zucker mit 100 ml Wasser 5 Min. kochen lassen. Dann mit 750 ml Weißweinessig zu den Blütendolden geben, gut verschließen und 1 Woche ziehen lassen. Durch ein feines Sieb gießen, in zwei 500-ml-Flaschen abfüllen.

Olivenfladen

½ Würfel frische Hefe (21 g)
½ TL Zucker
300 g Mehl + Mehl zum Arbeiten
½ TL Salz
6 EL Olivenöl
100 g in Kräuter eingelegte, entsteinte große Oliven

Für 6 Stück
Zubereitung: 20 Min. | Ruhen: 1 Std. | Grillen: 6 – 8 Min.

1 Die Hefe zerbröckeln und mit dem Zucker und 2 EL lauwarmem Wasser verrühren, bis sie sich aufgelöst hat.

2 Aufgelöste Hefe mit Mehl, Salz, 4 EL Olivenöl und etwa 150 ml lauwarmem Wasser mit den Knethaken des Handrührgerätes zu einem glatten Hefeteig verkneten. Mit einem feuchten Tuch abdecken und an einem warmen Ort etwa 1 Std. ruhen und gehen lassen.

3 Dann den Teig in sechs gleich große Stücke teilen und jeweils auf der leicht bemehlten Arbeitsfläche zu knapp 1 cm hohen, runden Fladen ausrollen. Die Oliven grob zerschneiden und tief in die Teigfladen drücken. Mit übrigem Öl beträufeln.

4 Die Fladen auf den Grillrost legen (möglichst am Rand, wo die Hitze nicht zu groß ist) und mit etwa 10 cm Abstand zur Glut 6 – 8 Min. grillen, dabei einmal vorsichtig wenden. Bei Bedarf vor dem Wenden die Oliven nochmals tiefer eindrücken.

Stockbrote

½ Würfel frische Hefe (21 g)
½ TL Zucker
200 g Mehl + Mehl zum Arbeiten
1 TL Salz
2 EL Olivenöl
4 lange Stäbe (½ cm Ø, mindestens 40 cm lang, am besten aus Bambus)

Für 4 Stück
Zubereitung: 20 Min. | Ruhen: 1 Std. | Grillen: 5 Min.

1 Die Hefe zerbröckeln und mit dem Zucker und 2 EL lauwarmem Wasser verrühren, bis sie sich aufgelöst hat.

2 Aufgelöste Hefe mit Mehl, Salz, Olivenöl und etwa 100 ml lauwarmem Wasser mit den Knethaken des Handrührgerätes zu einem glatten Hefeteig verkneten. Mit einem feuchten Tuch abdecken und an einem warmen Ort etwa 1 Std. ruhen und gehen lassen.

3 Dann den Teig in vier gleich große Stücke teilen und jeweils auf der leicht bemehlten Arbeitsfläche zu etwa 35 cm langen Strängen rollen. Die Teigstränge so spiralförmig um ein Ende der Stäbe wickeln, dass immer etwas Bambus zwischen dem Teig hindurchschaut. Teig am oberen und unteren Ende gut festdrücken.

4 Die Stockbrote auf den Grillrost legen und mit etwa 10 cm Abstand zur Glut etwa 5 Min. grillen, dabei immer drehen.

links: Olivenfladen | rechts: Stockbrote

WIE AM KARIBIK-STRAND

Ananas »Sweet BBQ«

1 Ananas
4 EL brauner Zucker
1 Päckchen Vanillezucker
1 TL Pfeffer (am besten schwarz und grob gemahlen)
150 g Mascarpone

Für 4 – 6 Personen
Zubereitung: 20 Min.

1 Die Ananas vom Schopf befreien und den Stielansatz ebenfalls wegschneiden. Die Frucht der Länge nach halbieren und den Strunk in der Mitte herausschneiden.

2 Die Ananashälften samt Schale quer in je 8 fingerdicke Scheiben schneiden. Den Zucker, den Vanillezucker und den Pfeffer auf einem tiefen Teller vermischen. Den Mascarpone in einer kleinen Schüssel schön glatt verrühren.

3 Die Ananasscheiben in der Zuckermischung wenden, auf den Rost legen und bei mittlerer Hitze 1 – 2 Min. grillen, wenden und noch mal so lange grillen. Mit Mascarpone zum Dippen servieren – gehalten werden die Scheiben dabei an der Schale.

TIPP

Sie können die Ananas auch »am Stiel« grillen. Dann wird die Schale von den Scheiben entfernt und die Ananas auf Grillspieße gesteckt. Oder die geschälte Ananas in große Stücke schneiden und abwechselnd mit anderen Früchten auf die Spieße stecken, etwa mit gelben oder grünen Honig- oder Netzmelonen.

FRUCHTIG-
SCHARF

Obstspieße mit Ingwerbutter

1 Mango
1 Papaya
2 Nektarinen
2 süßsaure Äpfel (z. B. Braeburn)
1 Limette
1 Bio-Orange
8 – 12 lange Holz- oder Metallspieße
Für die Ingwerbutter:
100 g Butter
40 g Ingwerstückchen (in Sirup eingelegt, aus dem Glas)
1 EL Ingwersirup (vom eingelegten Ingwer)
½ TL gemahlener Ingwer

Für 4 Personen
Zubereitung: 45 Min. | Marinieren: 10 Min.

1 Die Mango schälen und das Fruchtfleisch vom Kern schneiden. Die Papaya halbieren, von den Kernen befreien und schälen. Die Nektarinen waschen und entsteinen. Sämtliche vorbereitete Früchte in mundgerechte Stücke schneiden.

2 Die Äpfel waschen, vierteln und entkernen. Apfelviertel in Spalten schneiden. Limette auspressen und die Apfelspalten mit dem Saft vermischen. Die Orange heiß waschen und abtrocknen, vierteln und die Viertel nochmals quer teilen.

3 Das ganze Obst abwechselnd auf die Spieße stecken, dabei jeweils an beiden Enden ein Stück Orange platzieren.

4 Butter in einem kleinen Topf schmelzen. Die Ingwerstückchen fein hacken und mit dem Sirup und dem Ingwerpulver zu der Butter geben, gut verrühren. Die Spieße mit etwas Ingwerbutter einpinseln und etwa 10 Min. durchziehen lassen.

5 Die Obstspieße auf den Rost legen und bei mittlerer Hitze 4 – 5 Min. grillen, dabei öfter wenden und mit der übrigen Ingwerbutter bestreichen. Beim Genießen die Spieße mit dem Saft der gegrillten Orange beträufeln.

Register

IMPRESSUM

König & Berg ist ein Imprint der GRÄFE UND UNZER VERLAG GmbH

AUTOREN
Petra Casparek, Erika Casparek-Türkkan, Tanja Dusy, Martin Kintrup, Ira König, Bettina Matthaei, Doris Muliar, Dagmar Reichel, Cornelia Schinharl, Monika Schuster, Marco Seifried, Nicolai Worm

BILDNACHWEIS
Barbara Bonisolli: 47, 62, 106, 112, 140, 141; Michael Brauner: 2–3, 14, 20, 25, 27, 28, 29, 30, 33, 40, 43, 48, 51, 52, 53, 54, 55, 59, 61, 63, 73, 77, 81, 86, 87, 88, 109, 113, 115, 121, 122, 123, 124, 126, 132, 135; Klaus-Maria Einwanger: 4, 7, 8, 11, 12, 16, 19, 36, 38, 39, 50, 56, 66, 68, 70, 74, 75, 79, 84, 90, 94, 97, 99, 102, 110, 111, 116, 117, 120, 125, 129, 131, 133, 136, 139; Julia Hoersch: 92; Coco Lang: 119; Sabine Mader, Ulrike Schmid: 82; Jörn Rynio: 34, 100, 101; Wolfgang Schardt: 18, 23, 31, 44; Studio L'Eveque, Tanja & Harry Bischof: 64; Uwe Tölle: 67; Michael Wissing: 105

Umschlag: Barbara Bonisolli (Klappe hinten), Michael Brauner (vorne oben links, vorne oben Mitte, hinten oben rechts), Klaus-Maria Einwanger (vorne oben rechts, vorne unten links, vorne unten rechts, hinten oben links, hinten oben Mitte, hinten unten rechts), Coco Lang (hinten unten links)

GESAMTPRODUKTION DER DEUTSCHEN AUSGABE
bookwise GmbH, München

UMSCHLAG UND INNENLAYOUT
Zero Werbeagentur, München

REPRODUKTION
Lanarepro, Lana

DRUCK UND BINDUNG
Polygraf Print, Prešov

ISBN: 978-3-8338-5533-7
1. Auflage 2016